ESTÁ CABRÓN SER... EMPRENDEDOR

Luis Valls

ESTÁ CABRÓN SER...
EMPRENDEDOR

¡Pero se puede!

EMPRESA ACTIVA

Argentina – Chile – Colombia – España
Estados Unidos – México – Perú – Uruguay

1.ª edición México: diciembre 2023

ISBN: 978-607-748-821-7

Soporte editorial: Alejandro Pacheco
Fotocomposición: Ediciones Urano, S.A.U.

Impreso por: Kreishaus, S.A de C.V.
Cerrada de Héctor Ortiz Mza 3, Lote 26
Col. El Vergel, 09880, Iztapalapa, CDMX.

Impreso en México – *Printed in Mexico*

...y llega el momento de escribir desde el alma la dedicatoria. Este libro me parece tan complicado como importante, ya que nunca lo pensé al iniciarlo.

Me quedo para siempre con la misma y profunda inspiración que me llevó a escribirlo: mis hijos. Estando sin estar y queriéndonos de formas tan impensables como diferentes; con estilos de comunicación de su generación tan lejos de la mía y la mía tan lejos de la suya, con el respeto invisible pero presente, con ausencia física y la presencia permanente en nuestras mentes. Ellos son ejemplo de amor por la vida, maestros del deber ser, hacer y hasta el no hacer, emprendedores de sueños y realidades, mi razón de vida cada día.

Por siempre, papi Valls.
Los amo y los amaré de mil formas, en mil lugares, con mil estilos y con mil recuerdos que nos unirán a los tres toda la vida.

Salir y disfrutar...

ÍNDICE

INTRODUCCIÓN

Ya existe el hilo negro, el marrón, el blanco. Ya existen las plataformas para cambiar la ruta sin tantos tropiezos ni obstáculos. También ya existe la crítica, tanto la constructiva como la que te manda directito a terapia.

Ya existe el emprendimiento y ya existe la «estructura» para arrancar, mantener la aceleración y nunca parar.

Con tantos ingredientes, ¿qué más puedes crear?

Puedes crear lo que tú quieras y al estilo que se te antoje. Puedes ser emprendedor desde el espacio que más te motive, desde el que presente más potencial para ti. Y aquí quiero ser claro: en este libro cuando escriba la palabra «emprendedor» siempre me referiré a los tres tipos de emprendedores:

- **El intra emprendedor.** Es aquel que, desde su puesto de trabajo, debe emprender nuevas ideas cada día para alcanzar sus metas laborales.
- **El emprendedor independiente.** Es aquel que decide iniciar su propio proyecto sin importar su edad.
- **El emprendedor híbrido** (como le llamo yo). Es aquel que conserva su trabajo y además inicia un emprendimiento en sus horas libres. Emprende en algo que le apasiona en lo personal. Esta actividad, en algún momento, puede ser una fuente adicional de ingreso.

Este libro es sobre ellos y sobre eso. Es sobre el descubrimiento de que, para emprender, ya lo tienes todo. Esta totalidad es tu punto de inicio hacia tu próximo gran proyecto.

Ahora, el emprendimiento debe de ser un estilo de vida. No es una actividad simple que lleves a cabo de nueve de la mañana a dos de la tarde, ¿cierto?

Este mensaje es para aquellos que tienen a un emprendedor dentro. Esas personas que ven su taza de café y piensan en cómo mejorarla; que se preguntan qué hubo detrás, quién cosechó el grano de café, cómo se puede hacer mejor. Ven el material del contenedor y se preguntan cuánto costó, cómo optimizarlo, quién o cuál es la competencia.

Este libro es para las personas que quieren saber qué hay detrás para poder planificar lo que sigue en el futuro. Van hacia adelante; ya tienen el potencial y las ideas. Lo que necesitan es entender el siguiente paso. Vaya, no lo digo solo yo. Uno de los hombres más ricos del mundo, Bill Gates, dijo:

> *La clave para tener éxito en los negocios es saber
> en qué dirección va el mundo y procurar
> llegar ahí antes que nadie.*

Por lo tanto, este libro es también un recorrido por lo que llamo «escenarios del emprendimiento». Irónicamente son también escenarios de la vida, de la cotidianidad.

Espero que puedas encontrarte en este libro, pues esa es la intención de hablarte desde diferentes lugares, por ejemplo: la escuela, un set de grabación, la calle, una cafetería. Tú dime, ¿cuál ha sido el espacio más «fuera de lo común» donde te atrapó una idea?

¿Estás sonriendo solo de acordarte?

Me emociona platicar contigo a través de cada una de estas páginas. Hay algo que lleva un rato empujándome a hacerlo. Me refiero a conversar con los otros. A externarles lo que hoy sé por experiencia. Este libro es para compartirte algo que he descubierto con el correr de los años. No fue una revelación esporádica, sino el hallazgo de una larga revisión.

Y antes de seguir, quiero dejar algo muy claro: este no es un libro motivacional, de ayuda ni de autogestión en el que te haré pensar sobre tu experiencia de vida, tus valores, tus decisiones, etcétera. Para nada. **Este libro es un viaje a varios escenarios de la vida, con gente y momentos interesantes, espacios y creencias comunes, en los que la vida nos enseña que el emprendimiento es universal y particular.**

Este libro es para que medites sobre tus fortalezas y por qué estas son tus riquezas. Es en este paquete personal de habilidades natas en el que te vas a enfocar para decidir cómo y en qué emprender.

Así que esta charla entre tú y yo a través de estas páginas es para ti si cada vez que escuchas las historias de otros emprendedores suspiras o si cada vez que te enfocas en tu negocio, profesión o empleo se despliega una secuencia de ideas a futuro en tu mente.

Este libro es para ti si cada vez que piensas en emprender sientes cosquillitas, pero, a la par, piensas que está cabrón. Y no te voy a mentir, está muy cabrón. Al momento de emprender tenemos que considerar muchísimos detalles, una infinidad. Créeme que siempre vamos a olvidar alguno, pero eso no significa que estemos destinados al fracaso.

A ver, por ahí dicen que las cosas buenas cuestan. Esta es la forma bonita de expresar que, si quieres alcanzar algo valioso, si quieres romper paradigmas y jugar con tus reglas... pos ta' cabrón. ¡Pero es posible! Se necesita coraje, decisión, inteligencia y corazón. **Se necesita que tú también seas tan cabrona o cabrón como las circunstancias.**

Y, nota al margen, decido usar la palabra «cabrón» porque es un vocablo multivitaminado, poderoso y con un sinfín de significados, pero es más que claro que con «cabrón» me refiero a algo difícil que te hace sonreír sin parar cuando lo consigues.

¿Quién no quiere presumir que logró realizar algo muy cabrón? ¿A quién no le gustan los retos?

Entonces vamos a empezar este recorrido por los escenarios del emprendimiento. Vamos a hablar de todas esas cosas, en apariencia minúsculas, de las que se expone en los cursos, conferencias y talleres de liderazgo, emprendimiento y administración.

Vamos a tomar el hilo negro. Lo veremos de cerca y nos preguntaremos si es completamente negro o solo un azul marino muy oscuro (tal vez en este punto las mujeres tendrán una ventaja por su increíble capacidad de diferenciar el «salmón» del «melón» o el «rosita»).

Este es un libro para que te cuestiones, te diviertas y te sorprendas.

Quiero aclarar, desde el inicio para que no haya reclamos, que escribo lo que he vivido y constatado con todos mis sentidos. Es un libro escrito con lo que conozco, pero sin el ego de mi trayectoria.

Aquí vas a leer a un emprendedor con sentido del humor y con una experiencia que comenzó cuando no había internet, redes sociales ni una enciclopedia a solo un clic. Pero también soy un emprendedor (un *oldpreneur)* que ha liderado, casi de chiripada, el salto a lo digital, a lo que no tocamos y a lo que, en muchos casos, no entendemos por completo.

Este soy yo.

¿Ya te gana la curiosidad de leer lo que tengo por decir? ¿Ya quieres saber qué escenarios de emprendimiento se escogieron para estos capítulos? **¿Ya quieres poder decir «no pos ta' cabrón… pero vamos a lograrlo»?**

Pues, adelante, que ya existe el volteado de página.

Emprendamos,
Luis.

Capítulo 1

ALGO FRESCO COMO EL CAMBIO

¿A poco el mundo no es paradójico? A alguien se le ocurrió que un diamante era sinónimo de compromiso; a alguien más, que los bolígrafos indican tu prestigio; y a otro sujeto, que el café debe propiciar una experiencia cálida y de acercamiento.

Quizás no entramos hoy a esta cafetería por la última razón que mencioné. Quizás tú solo tienes algún antojo, y a mí este lugar me queda de paso en la ruta hacia el trabajo. Tal vez...

O quizás así debía ser.

Puede que este café se convierta en una ruta hacia tus sueños. Puede, pero solo si quieres abrazar la paradoja y darle en la torre a uno que otro paradigma.

Adentro de la cafetería podemos oler el café tostado, el recién molido. ¿A ti también acuden notas de canela y de vainilla? La variedad en el menú es una invitación a probar algo diferente, ¿por qué no? El clima se antoja para algo más fresco.

Desde mi sitio, veo a una persona que parece tener indecisión sobre qué ordenar. Voltea de un lugar a otro buscando dónde sentarse. Hay pocas mesas vacías. ¿Tú también lo puedes ver?

Estoy disfrutando de unos cinco minutos de descanso entre un pendiente y el otro. También se me antojó algo más fresco hoy. No sé, a veces el espíritu de cambio se respira en el ambiente.

—Disculpe, ¿puedo sentarme aquí? —me pregunta la persona que parecía indecisa, la que estaba ordenando algo—. No hay mucho sitio hoy.

—Adelante, y háblame de «tú».

Se sienta y deja su mochila en una silla. Adivino que carga con una laptop, uno que otro documento importante para revisar, y algún bolígrafo... que puede o no demostrar su estatus. A esta persona eso no le importa.

Puedo adivinar que este hombre es de ese tipo que demuestra quién es con acciones y no con palabras. Intuyo que tiene menos de 40 años; que posee un *hobby* al que le dedica muchas horas, pero que nunca ha visto como un posible negocio; y que, de vez en cuando, se cansa de su empleo corporativo. ¿Tú también crees que esta persona puede ser así?

—Pues mucho gusto. Me llamo Luis —le digo.

—Un placer. Soy Ramiro —me contesta.

Y así comienza esta plática. Podría adelantarle a Ramiro que lo voy a cuestionar bastante a lo largo de los siguientes minutos, pero no lo quiero asustar. Mejor te lo adelanto a ti, lector. En estas páginas habrá muchas, muchas preguntas. Quiero que las contestes. Por ahora, la primera que voy a hacer es para Ramiro. La interrogante es: ¿qué vas a ordenar? (Y sospecho que sabes que esta pregunta también tiene un toque metafórico y también es una duda para ti).

Ramiro escucha mi duda y se ríe. Me explica que no sabe si pedir una tisana o el clásico americano. Después me dice que ya se le ocurrió algo. Abandona la mesa y regresa con un vaso entre sus manos. Vuelve a tomar su asiento y, de repente, se ve relajado. Se nota que es de esas personas que pueden disfrutar de los descansos, largos o cortos.

—¿Y a qué te dedicas? —le pregunto.

Me dice que trabaja en un enorme corporativo con varias décadas de antigüedad. Hasta se encoge de hombros cuando me lo dice. No parece que le emocione hasta la médula. Tal vez ya se pregunta si se acabó su ciclo en esa empresa luego de tantos años. ¿Puedes notar que ahora se ve desanimado?

—¿Y tú qué haces? —me pregunta Ramiro.

Le contesto. Soy un emprendedor de 62 años de edad, con experiencia en hotelería, servicio al cliente y organización de conferencias y eventos. Puedo contar historias y anécdotas, algunas cómicas y casi surrealistas, sobre lo que he vivido a lo largo de tantos años, primero como empleado y posteriormente como emprendedor y empresario.

Entre muchas de las cosas que quiero contar es que he constatado algo a lo largo de mi vida; es algo que he comprobado en mi cerebro, en mi corazón y en mis pulmones… **Lo que quiero contar es que pos ta' cabrón.**

Veo la reacción de Ramiro tras mi comentario. Eleva las cejas y su sonrisa se transforma en una «O». Me mira con algo de sorpresa, confusión y extrañeza. No sabe si este es un chiste o un comentario serio. Tú que estás leyendo, ¿sabes a lo que me refiero cuando digo que coraje se escribe con h?

Tal vez Ramiro no se imaginaba que hoy, en su recorrido diario a su cafetería favorita, iba a conocer a alguien que le contaría algo tan poco ordinario. Pero así es. No vamos a hablar del clima ni de los métodos de extracción del café. Quiero contarle sobre el emprendimiento que conozco. Y a ti también te quiero platicar. Seguramente ya te hice pensar y preguntarte...

Ah, caray... ¿cómo es que todos los diccionarios están incorrectos? ¿Por qué asevero que coraje se escribe con h?

Coraje se escribe con h y emprendedores con cualquier otra letra

La brecha existente en nuestro pensamiento colectivo sobre los emprendedores se ha reducido. Antes los percibíamos como una de dos:

- O personas soñadoras e idealistas,
- o sujetos con muchos ceros en sus cuentas bancarias.

Ya no los posicionamos como una raza extraterrestre ajena al pensamiento humano predominante: nacer, crecer, trabajar para alguien y morir.

Como sabrás, hay muchos tipos de emprendedores. Cada uno posee una historia personalísima de la cual se nutre y se motiva. Por eso me atrevo a decir que la inicial de la palabra «emprendedores» puede ser casi cualquier letra.

Puede ser Miguel, Fernanda, Javier, Claudia. Puede escribirse con Z de Zayra, R de Ramiro, o con A de Armando. Cualquiera puede emprender, siempre y cuando aprenda que coraje no se escribe estrictamente con c... (ya te explicaré esto pronto).

¿Tú estás de acuerdo con esta premisa? ¿Cualquiera puede tener madera de emprendedor? ¿Por qué crees que una persona decide emprender?

Vamos a revisar una breve radiografía de los emprendedores en México:

- Según datos del Instituto Mexicano del Seguro Social, **siete de cada diez empleos dentro de México los crea un emprendedor.** Casi la tercera parte de ellos en México decide comenzar su negocio por necesidad. Las otras partes lo hacen para probar sus ideas o para innovar.
- Durante 2019, según datos del Instituto Nacional del Emprendedor, se abrieron 35 mil negocios a nivel nacional... cada mes.
- En el mismo año, la Organización para la Cooperación y el Desarrollo Económicos (OCDE) posicionó a México en el segundo lugar de los mejores países para emprender.
- La mayoría de los emprendedores son hombres. El 89 por ciento empieza con inversión personal, es decir que no consigue ningún tipo de financiamiento.

Hay muchísimos datos sobre esta población y su posibilidad de fracasar. De hecho, **uno de cada tres emprendedores mexicanos no lleva a cabo su proyecto por miedo.**

De todos los datos que te acabo de compartir, quiero que te enfoques en este último. **El miedo paraliza**, casi en cualquier contexto. El miedo es la antítesis del ingrediente supremo del emprendimiento.

¿Tú formarías parte de ese tercio que se detiene en vez de intentarlo?

En la cultura popular existe un sinfín de frases para explicar lo rápido que se puede ir la vida.

*La vida es eso que te sucede mientras estás ocupado
haciendo otros planes.*

JOHN LENNON

*Aprendí que no se puede dar marcha atrás,
que la esencia de la vida es ir hacia adelante.
La vida, en realidad, es una calle de sentido único.*

AGATHA CHRISTIE

En conclusión, la vida no se detiene; no ofrece el mismo tiempo para todos, y tampoco hay razón para esquematizarla por completo. La vida es hacia adelante y a tu ritmo.

Sin embargo, es imprescindible entender que no somos seres individuales, no estamos en este plano solo para nosotros. **Vivir también implica observar lo que nos rodea. Absorberlo con todos nuestros sentidos y aprender a leerlo.** Solo así se encuentran las mejores oportunidades. Atendiendo el entorno, nuestro interior, nuestro ritmo y también aquel de lo que está alrededor.

Así que, ¿recuerdas la primera pregunta que le hice a Ramiro en la cafetería? Le pregunté qué iba a ordenar. Ahora te la hago a ti. Ya no me estoy refiriendo al café ni a tu bebida predilecta. Ya no pienses en el tipo de tostado o el tamaño del vaso. Quiero que reflexiones sobre qué quieres ordenarte a ti mismo, qué vas a pedirte para experimentar las oportunidades de tu entorno. Simplemente dentro de la cafetería podemos detectar áreas de mejora. De esta actividad tan particular —inspeccionar y reflexionar— surgen las mejores ideas de negocio y emprendimiento.

Quiero que guardes el aroma de esta cafetería en tu memoria. Desde ahora te recordará a la palabra aprendizaje, porque este es el siguiente tema del que quiero que dialoguemos.

¿Cómo te llamas... y qué tan inconsciente eres?

Cuando tenía más de 56 años, comencé a estudiar en el IPADE. Me llamaban el Míster. Ya te contaré en otras páginas sobre este capítulo de mi vida. De momento, te platico esto para explicarte lo importante que fue para mí «regresar» a estudiar. Aprendí de los profesores, los materiales didácticos, los estudios de caso. También aprendí bastante de mis compañeros y de su propia experiencia profesional.

Jamás he pensado que una sola persona puede saberlo todo. Tampoco he creído que después de la preparatoria o la universidad se acaban los años escolares. Pero demostrarlo con mis acciones fue profundamente eficaz. Cuando me reconvertí en alumno, de forma legal y estricta, pude demostrarles a mis hijos la importancia de romper con los paradigmas.

Me gusta pensar en estos famosos modelos y esquemas como hojas de papel de un cuaderno de espiral. ¿Sabes a cuáles me refiero? Son esos que, cuando arrancas una hoja, va dejando pedacitos de sí atorados en el espiral. Se hacen tiras largas de papel inútil.

Pues te voy a pedir que te imagines que arrancas una de estas hojas, con todo y esas barbitas de papel, y la haces bolita. Apriétala fuerte, recuerda a tu jugador de basquetbol favorito, y avienta la pelotita al cesto de basura más cercano.

Con la misma facilidad que nos deshacemos de una hoja de papel, tenemos que olvidarnos de tantas y tantas reglas que no están escritas en ningún lugar.

Esto puede ser algo de lo más irónico de la mentalidad preponderante. Son simples ideas heredadas, pero no confirmadas. Son frases que nos aprendemos, pero no comprendemos. Estos paradigmas no tienen por qué permanecer en tu cuaderno. Mejor decide qué sí quieres escribir en él. Y hazlo. Tú puedes decidirlo como también escogiste qué ordenar (y no estoy hablando del menú de la cafetería).

Como te he comentado, lo que quiero platicarte en estas páginas es importante, a pesar de que sé que no es único. Quizás es algo que ya ha estado dando vueltas en tu cabeza. Algo que te imaginaste antes o que, con alta probabilidad, ya has leído en otro lugar. Pero aquello que llegó a ti no te llamó. No llevaba tu nombre como sí lo llevan los vasos desechables de la cafetería.

Y si bien lo que te contaré ya lo escuchaste, lo viste o lo leíste, no tenía escrito las letras de tu nombre, la palabra detrás de la que reside lo que tú representas.

Yo ya me he presentado, ¿cómo te llamas tú? Probablemente esta es una pregunta que has contestado infinidad de veces, tantas, que la respuesta ya es automática.

En esta ocasión quiero que pienses más allá de tu nombre y reflexiones sobre lo que significa para los demás. ¿Quién eres tú para los otros? ¿Por qué te distingues? ¿Cómo te reconocen?

Cuando emprendí, lo hice a una edad que la mayoría definiría como «pasada», «muy tarde», «demasiado madurita». Pero cada uno está listo a su tiempo y las oportunidades no siempre llegan en la misma temporada. Natural y seguramente hubo muchos otros momentos en mi vida para emprender, pero no los tomé porque no llamaron mi atención, yo no contaba con las mismas herramientas o, sencillamente, todavía era bastante adicto al olor de los hoteles.

¿Ya te comenté que trabajé durante muchos años en el turismo? Por fin he entendido que uno de los detalles que me gustaba tanto de mi trabajo era el aroma de los hoteles. Me fascinaba. Realmente tienen algo que induce al vicio.

Lo mismo debe sucederte con tu idea de negocio, con lo que quieres materializar. Debe de encantarte, casi al punto de cegarte. Debe moverte tanto que anheles correr.

Me faltó agregar que emprender también es dejarse llevar por la pasión, por el gusto a ciertos colores, aromas, texturas y sensaciones. Muchas solo las entiendes hasta que las estás viviendo. Otras se asimilan solo bastante tiempo después, cuando te encuentras platicando en una cafetería con alguien. Con un desconocido que quiere hablarte sobre emprender, por ejemplo.

Entonces, ya resolveré el enigma, ¿por qué digo que coraje se escribe con h? Bueno, he de aclarar que, cuando menciono este disparate ortográfico, estoy hablando sobre el coraje propio de los emprendedores. Ese coraje que nos obliga a dormir menos, a esforzarnos más, a buscar los cómos y los caminos.

Coraje se escribe con h, porque se necesitan HUEVOS (y muchos) para seguir tus proyectos de emprendimiento.

Sin esa «h» milagrosa, sin ese coraje incuestionable pero responsable, no somos emprendedores, solo soñadores con exceso de cafeína.

No hay edad para emprender

Yo soy el botón de la muestra; para emprender no hay edad.

Pero por supuesto, no soy el único. El famoso Coronel Sanders, que tenía más de anfitrión que de militar, inició con su exitosa cadena de pollo frito cuando tenía más de cuatro décadas de vida. Él se estableció como empresario hasta sus 62.

El Coronel Sanders no empezó con su receta secreta solo por gusto. Las cuentas no le estaban saliendo, era dueño de gasolineras y se percató de que a la gente le gustaba más su pollo empanizado que su servicio de combustible. Aprovechó su talento para la cocina y vendió el pollo en cubetas.

Otro personaje famoso y quizás más cerca de nuestras «vecindades» fue Roberto Gómez Bolaños, más conocido como Chespirito. ¿Sabías que creó el Chavo del 8 cuando tenía 41 años? A esta edad algunos ni siquiera se imaginan qué será de ellos a los 65 años, durante su jubilación. Gómez Bolaños decidió que quería hacer un legado. ¿Tú crees que lo logró? Claro, sin su talento, pasión e impulso, las tortas de jamón no se hubieran popularizado tanto.

¿Tú qué puedes ofrecer que sea único? **¿Cuál es tu salsa secreta?** ¿Qué haces tú que pueda resolver problemas de tus clientes potenciales? Yo ya sabía que era un experto en conectar con la gente, hacerlos sentir como en casa y asegurar su comodidad. Lo sabía con completa humildad pues, después de todo, por eso me habían contratado en hoteles, restaurantes y líneas aéreas.

Lo disfrutaba sobremanera. Aprendí muchísimo de mi profesión. Me percaté de que las personas que regresaban al hotel lo hacían por dos cuestiones en particular: porque lograban crear un vínculo fuerte y de confianza con alguien dentro del hotel o porque estaban cerca de algún centro médico o clínica.

Fue por una de estas dos circunstancias que la vida (eso que pasa mientras haces otros planes, ¿recuerdas?) me mostró una vereda peculiar y desconocida para mí.

Ahí estaba yo como un explorador perdido en la selva que se topa con una bifurcación. Se le presentan dos caminos. Uno plano, de apariencia tranquilo, hasta con mariposas azules flotando alegres; otro sinuoso, repleto de maleza y posibles alimañas.

Yo tuve que escoger qué camino seguir. ¿Cuál crees que elegí? ¡Opté por romper las reglas (una que otra pierna) y trazar un nuevo rumbo! Seguí la maleza.

Seré honesto. No sabía a ciencia cierta hasta dónde iba a llegar después de los rasguños, los peñascos y los encontronazos con cocodrilos. Ni lo imaginaba. Pero cómo he disfrutado del viaje, con todo y sus altibajos.

Emprende, no me cansaré de decirlo. Emprende sin tener un ingreso fijo. O incluso, emprende dentro de la empresa en la que trabajas. No solo emprenden las personas sin jefe, y hacerlo se puede convertir en una más de las actividades del organigrama.

O emprende a la par que tienes otro negocio. Pero emprende. Insisto. No es más que la manera en la que se ha conformado el mundo actual. Todas las grandes empresas, las más longevas, comenzaron y terminarán en las manos de un emprendedor.

Saltos cuánticos

En la cafetería Ramiro y yo nos dimos el lujo de saludarnos de mano. Digo «el lujo» porque a todas luces el 2020 cambió una serie extensa de nuestros comportamientos. Sucedieron saltos cuánticos. Cambiamos el clásico apretón por chocar el puño. Cambiamos las sonrisas por levantamiento de cejas. Y eso es apenas la superficie de las grandes transformaciones.

Si el advenimiento de lo digital ya estaba establecido desde hace más de una década atrás, la pandemia obligó a la mayoría a presionar el acelerador. Se convirtió en una condición obligatoria para sobrevivir.

- Las escuelas, las juntas, los conciertos, las exposiciones, los cursos, las conferencias... ¿Qué no saltó al mundo digital?
- Los servicios de *delivery* tuvieron un gran despunte, así como las empresas dedicadas a la creación y generación de cursos y talleres.

En casi toda mi trayectoria profesional me he desarrollado en industrias que son las primeras en ser afectadas con eventos de esta índole y también las últimas en regresar al juego.

Turismo, hotelería y eventos. Trabajamos con protocolos altos en los cuales tenemos que asegurar la protección de nuestros clientes y proveedores por partes iguales. Al centro quedamos nosotros y somos los únicos que nos cuidamos. Es la forma en la que trabajamos. Son nuestras reglas, las cuales delimitan nuestros límites y cómo podemos jugar. Ojo, estas indicaciones, a diferencia de las reglas no escritas, sí están estipuladas. Nos permiten crear y generar con creatividad y ética.

La pandemia hizo que todos los que deseábamos y necesitábamos adaptarnos presionáramos el botón de la innovación. Nos arrastró. ¿Sabías que, en la actualidad, el 52 por ciento de los emprendedores atienden sus negocios desde su casa? No tienen una oficina física. Supongo que muchos de ellos ni siquiera quieren hacerlo de esta manera. Ya conocen las bondades y beneficios de los negocios digitales.

¿Qué era la realidad?

Con la pandemia surgió una asociación de dos palabras que a muchos los deja mudos: «nueva realidad». Te invito a que pensemos un poco al respecto. ¿Qué significa nueva realidad? ¿Qué era la realidad?

- Desde hace muchos años la escuela no es estrictamente como la experimentamos los que somos mayores de cincuenta años. Ahora hay un sinfín de metodologías diferentes según el estilo de vida de la familia o el aprendizaje del alumno.
- Las oficinas también han cambiado. Te apuesto a que en el siglo pasado no encontrabas tanto color, frases motivacionales y áreas de esparcimiento y recreación como en las de hoy.
- Ni hablar de las dietas y la nutrición. Lo que antes era un alimento que se desechaba hoy es «súper» y casi hasta se derrama sangre por cultivarlo.

Lo normal es que tengamos ganas de crear y de innovar. Lo normal es que busquemos cómo usar lo que nos rodea a nuestro favor.

La nueva realidad es solo una frase que nos posiciona en un *mindset* para tener más apertura a los cambios que se necesiten. Te reto a que estudies la mentada nueva realidad y decidas qué elemento quieres agregarle tú. ¿Qué puedes hacer para darle tu toque, para aprovecharla?

La «nueva realidad» es que existan empresas que generan millones de dólares y que tengan en su organigrama a menos de diez empleados. La «nueva realidad» es alojarse en una cabaña lujosa que no pertenece a ninguna cadena hotelera. Es escuchar audiolibros y poder intervenir, en tiempo real, en un *podcast*.

Hasta ahora te he platicado que emprender tiene que ver con tu talento, con tu lectura del entorno y con el entendimiento que tienes sobre la infraestructura y las reglas. Y claro, también tiene que ver con el coraje no reconocido por la Real Academia Española.

Los mejores emprendedores son una suerte de adivinos del futuro. Sus predicciones se basan en un profundo y constante estudio que hacen de la realidad. Se la pasan revisando el periódico, leyendo, conociendo las trayectorias profesionales de otros. Pero no son ratoncitos de biblioteca, porque saben que gran parte de aquello que tienen que conocer está allá afuera. Ese es su material para saber hacia dónde dirigir sus ideas.

Ningún primer paso es el mismo para todos. Va a depender de lo que quieras hacer, de cómo sientas el pulso de tu mercado.

Mi primer paso tuvo que ver con las ventas. Durante muchos años de mi vida, vendí experiencias. Luego, en una transición paulatina y gozosa, me convertí en «vendedor de saliva». Ambas ventas me apasionan, me divierten y me retan. Hoy soy el fundador del buró de *speakers* más conocido de México.

Tienes que buscar esa sensación, ese sentimiento de que el café se está desbordando del vaso y quieres mantenerlo dentro; pero a la vez te esfuerzas por diseñar formas para que se desborde con gracia, para que se convierta en una cascada fructífera. Todo esto se hace con el coraje que no aparece en el diccionario.

¿Ya te conté que, aparte de saliva y de experiencias, vendo tamales? Sí. Mis negocios no están relacionados, pero mi cartera como emprendedor sí está diversificada. También hablaremos de esa necesidad, para cualquier emprendedor y empresario, de construir una cartera amplia de servicios, productos y soluciones interconectadas.

Mi emprendimiento fue producto de la inconsciencia durante un momento. Después tuve que pretender que sabía lo que hacía hasta que de verdad lo aprendí. De esto se trata animar tu modelo de negocio y tu proyecto. De ver la ola, medianamente medirla, y aventarte contra ella.

Si logras domarla, te vas a divertir surcando el mar. Si te arrastra, también te vas a divertir aprendiendo sobre la profundidad. No te preocupes, no te va a derrotar. En lo más mínimo. Lo único que puede matarte es una enfermedad o un accidente y, créeme, la sensación es diferente en su totalidad cuando te enfrentas a emprender que cuando te enfrentas a un diagnóstico médico negativo.

Hoy encontramos una amplia variedad de proyectos y empresas. Muchas son frescas, disruptivas y (para muchas personas) hasta incómodas. Nos enfrentamos a un mercado en el que las licencias o diplomas no te aseguran un mejor salario. Por ejemplo, según un estudio de BBVA, un empleado *millennial* con licenciatura gana 11,252 pesos contra los 15,136 que gana un empleado generación X con el mismo nivel de escolaridad.

¿Tú cómo crees que te sirven o benefician tus licencias o estudios? ¿Valen más que tus contactos y experiencia?

Hay casos de adolescentes que hacen más dinero en You-Tube que el que generan sus padres trabajando ocho horas cada día de la semana.

No te estoy diciendo que dejes todo y que corras a grabarte hoy mientras muestras tus videojuegos. Lo que te quiero hacer ver es que existe una infraestructura consolidada y eficaz para emprender. **Las herramientas ya existen para convertirlas en tus activos.** La pregunta es ¿cómo lo lograrás de una manera diferente, memorable, e imposible de emular?

El *asset* más importante de tu negocio eres tú. No lo olvides. Solo las personas enfocadas, proactivas, creativas y entusiastas son las que pueden mostrar su coraje y convertirlo en un potenciador, una condición y un símbolo de su personalidad.

El último sorbo

La bebida de Ramiro ya se acabó. Ve el vaso vacío y luego me ve a mí. Sonreímos. Tic toc. En esta plática de cafetería repasamos:

- Características de los emprendedores
- Motivos para emprender
- La mejor edad para hacerlo
- Cómo analizar la realidad y adaptarla a nuestro favor
- Por qué coraje se escribe con h
- Que el emprendimiento surge de la inconsciencia

—Bueno, Luis, ha sido un placer —me dice Ramiro—. No quisiera irme, pero ya sabes cómo es la oficina.

—¡No te preocupes! Mucho gusto y te deseo mucho éxito en lo que decidas.

Me sonríe, extiende su mano hacia mí con una tarjeta de presentación y yo devuelvo el gesto. Ramiro se marcha con su mochila al hombro. ¿Crees que vaya a recordar todo lo que platicamos? ¿Cambiará su vida? ¿Emprenderá? ¿Dejará su trabajo?

Ni lo sabemos ni lo podemos adivinar. Por hoy la charla con Ramiro ya terminó, pero no entre tú y yo.

Si crees que aquí se termina nuestra charla, estás equivocado. ¿Recuerdas que te conté en la introducción que saltaríamos de escenario de emprendimiento a escenario de emprendimiento? Pues es hora de cambiar el set.

No podemos limitarnos a una cafetería. Después de todo, las oportunidades están en todas partes. Esta plática va a trascender espacios y horarios.

Si todavía quieres que te cuente más sobre palabras que no son lo que pensabas, y sobre emociones que le suben al ritmo de tu motivación, trae tu bebida favorita y sigamos platicando.

Muévete según tus reglas, según los latidos de tu corazón y la potencia de tus pulmones. Decide qué quieres ordenar y hazlo. Ese es, quizás, el primer paso que necesitas: buscar las razones para imprimirle coraje a tus acciones.

Y recuerda, me refiero al coraje que no comienza con la letra «c».

El primer paso siempre sucede después del último sorbo de inspiración.

LA PASIÓN NO ES UN MITO

—Luis, estamos a dos minutos de empezar. ¿Listo?

La persona que me habla es un as para la iluminación de eventos. Me agrada mucho cómo se desenvuelve. Se nota que le apasiona. Le digo que sí con la cabeza y guardo mi celular. Precisamente antes de que él me hablara yo estaba escribiendo una nota rápida: «**Antes de todo, existió la pasión**».

Casi todas las grandes historias, de ayer y de hoy, comienzan con una buena y potente dosis de pasión, ¿o no? Por ejemplo, la guerra de Troya se dio, según la literatura, por la pasión de París hacia Helena. En *El Señor de los Anillos* (y menciono la trilogía porque es uno de los libros más famosos de la cultura moderna) nos hablan de un grupito de seres diversos apasionados por el equilibrio y el orden.

Apasionados, justamente. Sin pasión no hay nada. Ni invención del mundo, ni ganas de ir a ver cómo son los atardeceres desde la luna (seguro ya googleaste para encontrar una imagen de este último ejemplo, ¿la encontraste?).

Sin pasión no hay un todo. No existe un levantón de energía que nos rete a innovar y generar algo diferente, nunca antes probado, sentido ni visto. **Sin pasión no hay memoria. ¿Quién puede recordar algo que no sintió?**

—Un minuto, Luis —me dice la misma persona.

Le sonrío. Por pasión es que he escogido trabajar con ciertas personas, pues puedo darme cuenta con rapidez de que es válido confiar en ellos y sus ideas. Después de todo, lo mueve lo mismo que a mí: esa chispa por seguir los mandatos de lo que más te llama y cuestiona.

Te cuento en qué escenario del emprendimiento nos encontramos. Hoy estamos como coordinadores en una conferencia dentro de un auditorio universitario. Los asistentes son, en su mayoría, jóvenes menores de 24 años.

¿Los puedes ver? Sus caras muestran señales obvias de desvelo. Algunos se ven aburridos, otros ansiosos. Ese es uno de los grandes efectos de la iluminación. Ya que no todas las luces están prendidas, ningún chavo finge alguna emoción. Están en crudo. Puedo verlo y me emociona. Sé que en los próximos minutos se van a sorprender. Su sorpresa se deberá a lo que planeamos como responsables del talento que impartirá esta conferencia. Se emocionarán con lo que van a escuchar, con las luces.

Ahora ellos están en crudo, pero en menos de diez segundos todo va a cambiar. ¿También te sientes listo? Cinco, cuatro, tres, dos, uno... Comienza la conferencia.

Fue un gran acierto la idea de empezar la charla con una canción popular para los estudiantes. Muchos guardaron sus celulares al instante; otros los usaron para grabar.

El conferencista entró con mucha naturalidad al escenario. Se sentó en el sillón amarillo que dejamos para él y sonrió a su audiencia. Yo compartí el mismo gesto. Me gusta cuando me doy cuenta de que estamos haciendo magia.

Por cierto, sin pasión no hay magia... La pasión por provocar sorpresa o controversia en el otro; la pasión por verlo dudar y sonreír de ignorancia y curiosidad.

Después de unos diez minutos de conferencia, veo a alguien que llama mi atención. No sé si ya lo había visto antes. Puede que haya sido en otro evento, en algún lugar... lejos. Es un chavo carismático. ¿Algún sobrino de uno de mis amigos?

Se levanta de su asiento y se acerca hasta donde estoy parado. Tiene sed y se sirve agua del despachador. Me dice «con permiso» y luego me saluda con las manos. El dedo índice y el central levantados; el resto forman un puño. Es el gesto de «amor y paz». No sé si lo conozco. Lo vamos a descubrir.

Gracias, tío

—Qué onda —lo saludo casi en silencio.

—Está muy interesante todo esto, ¿verdad?

Me parece una persona muy platicadora. Se sirve agua muchas veces y sigue bebiendo. Se nota que tenía mucha sed.

—Sí, ¿te está gustando la conferencia? —le pregunto.

—Sí, muchas cosas que comenta me recuerdan a un tío.

—Bien... Interesante.

Me quedo pensando en lo que el chavo me dijo.

—Con permiso —se despide.

—Oye —lo detengo antes de que regrese a su lugar—, ¿qué es lo que te recuerda a tu tío?

—Todo eso de intentar detectar qué nos gusta para poder escoger en dónde estudiar.

En un segundo se dibuja en mí una gran sonrisa.

—A mí un tío me ayudó, sin saberlo, a escoger el rumbo de mi vida.

El chavo da un paso hacia mí. Sé que quiere escuchar más.

—¿Cómo te llamas? —pregunto.
—Arturo.
—Mucho gusto, Arturo. Yo soy Luis. Te cuento en el *break* de la conferencia sobre lo de mi tío. Aquí voy a andar.

Arturo afirma con una sonrisa y regresa con los de su grupo. Cruzo mis brazos tocando mis codos con las manos. La memoria hace su chamba y me lleva varios años atrás en el tiempo.

Comenzó con un rotundo «no» y siguió con otro «no», quizás más enfático y redondo. Yo tenía dieciocho años y sabía que me gustaba mucho organizar fiestas y eventos. Después de todo, me convertí en un experto en hacerlo durante mis últimos años de preparatoria. Así como Arturo, yo era un chavo curioso y platicador. Podía encontrar cualquier excusa para juntarme con mis amigos. Mis frases predilectas eran: «yo consigo el lugar y les digo qué llevar», «debemos festejar eso», «no te preocupes, yo te ayudo con la planeación».

Por tanta evidencia consideré que la mejor elección para mí era Recursos Industriales. Esta carrera fue como la abuela o madre de Recursos Humanos en la actualidad.

Asistí con mucha actitud a la Ibero. Pedí informes, presenté exámenes y hasta me enrolé en el propedéutico. Cuando llegué a mi casa para platicarle a mi papá sobre mis avances, él me dijo:

—No tengo dinero para pagarte la Ibero. Tendrías que trabajar.

Mi situación era la de miles de estudiantes más. No me desanimé. Curiosamente me enfoqué en escoger algo que me gustara mucho más. Después de todo, tendría que comenzar a trabajar en ese «algo» a la par que estudiaba. Haría que valiera la pena cada gota de sudor y de esfuerzo.

Escogí una escuela de Hotelería y, de nueva cuenta, le platiqué a mi papá.

—Sí tengo dinero para pagarte esa carrera, pero no te la voy a pagar. Eso no es para ti.

Yo tenía dieciocho años y quería estudiar Hotelería por algunas razones sencillas y comprobables:

• Uno: mi tío había trabajado en hoteles casi toda su vida en España.
• Dos: mi mamá cocinaba muy bien y me había heredado este gusto.
• Tres: me apasionaba el servicio, aunque aún no lo podía explicar.

Insisto en mi edad para enfatizar mi rebeldía y mi ímpetu. Le dije a mi papá que no había bronca. Estudiaría lo que quería estudiar y, encima, me pagaría los estudios. Desde el segundo semestre comencé a trabajar dentro de una cocina. Aprendí de las quemaduras, las explosiones y los picos extremos de estrés. También entendí que el calor que se experimenta tan cerca de las estufas y freidoras no se debe solo a la maquinaria. En una cocina todo se calienta, y cuando digo todo, me refiero a todo.

La comunicación entre colegas es clave. También la obediencia profesional a quien te manda. Tienes que seguir instrucciones, ser ordenado y pensar siempre de los siempres en el consumidor final.

Todo esto lo sé porque lo viví. Y lo aguanté, porque me apasionó. Mi papá dijo que no era una carrera para mí y he de aclarar que no lo sé hasta la fecha.

Arturo que sigue en prepa y que todavía no sabe con completa seguridad qué estudiar no puede comprenderlo. **Sin embargo, el 50 por ciento de los profesionistas mexicanos trabajan en algo para lo que no estudiaron.**

Estudié Hotelería y durante más de dos décadas ese fue mi trabajo, pero he de aceptar que la totalidad de mis retos profesionales se relacionó con algo que ni mi padre ni yo vimos cuando le expuse mi decisión: a pesar de las cocinas, los huéspedes y el orden, me dediqué y todavía me dedico a organizar personas y grupos.

Ya sea que estés escogiendo qué quieres estudiar, que ya lo hiciste, o que estés buscando un grado extra, **te invito a que te preguntes qué actividad podrías llevar a cabo sin que te paguen, sin que recibas dinero por hacerlo... Eso se llama PASIÓN.**

En mi caso, puedo estar por horas y horas diseñando experiencias. ¡Lo hago sin darme cuenta! ¿A ti te pasa eso con alguna actividad? Seguramente esa acción o actividad es lo que más te gusta… Bueno, en realidad lo que te apasiona.

Sin pasión no me hubiera dedicado a lo que me dedico desde mis diecinueve años de edad. Después de tantos empleos y trabajos, sé que no trabajamos exclusivamente en lo que estudiamos, ni aunque lo hayamos estudiado. **Para entender el núcleo de la pasión tenemos que separar lo que dicta el currículo escolar de lo que cada quien aporta a su segmento según sus fortalezas natas.** Te lo explico mejor:

- Como egresado de la carrera de Hotelería, yo puedo simplemente coordinar los diferentes procesos dentro de un hotel.
- Sin embargo, yo no hago solo eso. Gracias a mi formación y mi conocimiento del rubro (gracias a la experiencia profesional y a la carrera estudiada), yo me dedico a diseñar experiencias.

¿Podría estar eternamente trabajando en un hotel sin que me paguen? ¿Solo por el simple gusto? No podría contestarte a cabalidad; después de todo, si dejé mi trabajo como director de Alimentos y Bebidas dentro de un hotel, fue por una razón.

¿Podría estar toda mi vida generando experiencias solo por el simple gusto, sin que me paguen?

Espero que la sonrisa que ahora tengo en el rostro sea una excelente respuesta. Lo hago aún sin pensarlo. Diseño, pienso y creo experiencias multisensoriales porque es mi segunda naturaleza.

Por tanto y por todo, estoy agradecido. Y quizás el consejo que voy a dar suene muy de «tío», muy de «señor», pero procura darles las gracias a todos los que siempre te motivan, te empujan y te inspiran para seguir con tu pasión.

¡Gracias, tío!

Reacciona, con pasión, ante el cambio

La conferencia termina y cae una serie larga, larga de aplausos. Veo a los chavos motivados con las palabras del expositor. Él ha trabajado con nosotros desde hace muchos años. En el buró de *speakers* no exigimos exclusividad. Es decir que pueden trabajar y comercializar sus conferencias con la empresa que quieran. A pesar de no tener exclusividad, ellos regresan con nosotros. Encima, muchas veces me han dicho que, si yo les pido el veinte por ciento, por ejemplo, de lo que cobran, ellos me ofrecen el veinticinco.

Este es el nivel de fidelidad de los *speakers* hacia nosotros y se debe justo a la pasión que nosotros hemos logrado imprimir sobre el proyecto. Ya que me dedico a lo que me apasiona, y no sé cómo dejar de hacerlo, no solo comercializo conferencias. Busco que cada una de ellas sea una experiencia diferente y memorable para el usuario final.

¿Te das cuenta de qué tan importante es dedicarte a lo que ya haces de forma natural? Es una aportación con efectos multiplicadores para todos.

Veo que Arturo se acerca por más agua y me vuelve a saludar.

—¿Usted es parte del equipo organizador? —me pregunta.

—Sí.

Mira a todas partes. Parece que quisiera encontrar algo que no había visto antes. El conferencista ya está interactuando con varios de los asistentes. Arturo nota eso y parece que le interesa.

—¿Qué fue lo que más te movió de la conferencia?

Ahora soy yo el que pregunta.

—Todo lo que mencionó el conferencista sobre estar preparado para el cambio. Me impactaron los ejemplos.

—Sí, a veces las cosas que menos te imaginas son las que alteran por completo tu trabajo.

—¿Entonces no siempre ha trabajado en esto de las conferencias?

Arturo tiene un tono de curiosidad. Un tono profundo.

—No… Antes de esto hacía otras cosas.

—¿Cuáles?

Me acuerdo de la temporada en la que trabajé con una aerolínea. Fui el encargado de organizar y diseñar las experiencias a bordo. Me propuse involucrar todos los sentidos. Pensaba en qué debían comer y beber; a qué debía oler el avión; qué cobijas y almohadas se entregaban a los pasajeros;

la música que escucharían y las películas de las que podrían disfrutar.

Sin embargo, sucedió algo en el 2001 que conmocionó al mundo en muchos y diversos niveles. El atentado a las torres gemelas cambió las reglas del juego dentro de los aviones. Apenas y se podían regalar cacahuates a bordo. Yo dejé de diseñar experiencias sobre el avión.

Ese fue un enorme cambio con el que tuve que lidiar, pero nunca tan grande como el que experimenté diecinueve años después. Supongo que sabes perfectamente a cuál me estoy refiriendo: covid-19. En ese momento no importó quién eras, qué hacías o en qué emprendías. Todos los habitantes del mundo tuvimos que ajustarnos a la circunstancia.

Arturo me pregunta qué sucedió cuando nos cayó la pandemia encima y le contesto que lo que siempre sucede. Tuvimos que transformarnos y proseguir. **Al final del día, cada experiencia se convierte en un reto y, si se maneja correctamente, llega a nosotros como una lección.**

Le platico a Arturo un poco de otro empleo que tuve. Este fue en un laboratorio médico. Fue una gran experiencia que consistió en idear un *all inclusive* para los 700 empleados. Tuvimos que pensar en la alimentación completa —desayuno, almuerzo, comida y cena—, así como en las diferentes actividades deportivas, de entretenimiento, de ocio y de relajación.

—Suena chido... y demandante —me dice.

—Sí, y ahora que lo pienso, esos son los momentos en los que entiendes para qué eres bueno o qué ofreces como colaborador.

—¿Ese fue su empleo favorito?

—No. Las joyas de la corona fueron mis diferentes puestos en hotelería. Trabajé en una cadena hotelera con la que soñaba. Se había convertido en algo casi aspiracional para mí. Cuando fui joven me di cuenta de que tenía que salirme de la cocina para ganar más dinero y subir más dentro de las organizaciones.

Así fue como me mezclé como líder de meseros, luego de capitanes de meseros, y luego de diferentes áreas de los hoteles. Llegué a convertirme en director de Alimentos y Bebidas. Era una locura disfrutable y enriquecedora. Ese fue el último lugar donde estuve de cerca con huéspedes. Ahora las personas que atiendo tienen un perfil muy diferente, no por ello menos interesante. Me atrevo a decir que mis clientes siempre han sido polifacéticos.

—¿Entonces tú eres el organizador de la conferencia?

—Sí y no. Yo soy el fundador de la empresa que organiza estas conferencias.

—¡Genial! ¿Es difícil? ¿Cómo decidiste que eso era lo que querías hacer?

—Más que difícil, se tienen que seguir muchos pasos y encontrar a los socios ideales. La realidad es que no me senté a pensar al respecto. Se presentó la oportunidad en un formato muy diferente, y la tomé. Digamos que tocaron a mi puerta, y yo abrí.

—¿Y qué es lo que te vuelve diferente? —me interroga Arturo.

Me quedo pensando en que este chavo escuchó atentamente la conferencia, ya que se habló del distintivo y la propuesta de valor de cada persona.

—Nunca me lo había preguntado, pero hoy, con el correr de los años, descubro que lo que nos vuelve diferentes como buró de *speakers* es cómo reaccionamos ante el cambio y, personalmente, creo que mi esencia es trasformar para trascender.

Arturo ahora sí me mira raro, no entiende a lo que me refiero. Inclina un poco la cabeza y me observa con curiosidad. Se lo explicaré lo mejor que pueda.

—Me percato de que soy bueno para ir siempre un paso más allá. Mi intención es que cada uno de los servicios que ofrezco no solo sea excelente, sino innovador. Mi legado a lo largo de mis años cerca de clientes, huéspedes y pasajeros es lograr que ellos regresen y sean fieles a la marca.

Arturo sigue escuchándome. No lo he mareado todavía. Continúo con mi respuesta:

—No he hecho todo lo que he hecho con esta intención. No lo planifiqué con tanto detalle. Es algo que ha sucedido y, hoy que me preguntas, te puedo contestar. Aparte, te agradezco, creo que nunca me había preguntado lo que tú me preguntaste.

Preguntas incómodas

Imagina que vas a un restaurante del que has leído bastantes reseñas. Tus expectativas son altas. Cuando llegas ahí tardan milenios en atenderte y sentarte; luego el mesero es descortés y olvida varios platillos que le pediste; finalmente te marchas con decepción. La comida te pareció deliciosa, pero el servicio es tan malo que no quisieras repetirlo.

Ahora piensa qué hubiera pasado si hubieras ido al mismo lugar, pero todo hubiera sido al revés. El mesero fue tan atento que quisiste darle mucha más propina de la propuesta. No hubo algún involucrado con el servicio que no te prestara atención.

¿Cómo estuvo la comida? Aquí sí tuerces la boca. El sabor no era ejemplar, podrían mejorar. Sin embargo, vas a querer regresar. Te gustó que te consintieran, que te consideraran y que cada uno de los empleados diera lo mejor de sí para que te sintieras relajado y feliz.

Esta misma regla aplica para cualquier experiencia que involucre servicio al cliente. Yo lo he aprendido a lo largo de las décadas que he manejado equipos. **Uno de los detalles más importantes como líder es lograr que tu gente se ponga la playera, que se la quiera partir por ti, por la empresa y por los ideales, que antes no compartían, pero que deben adoptar.**

¿Te acuerdas que te conté que el cincuenta por ciento de los profesionistas mexicanos no se dedican a lo que estudiaron? Pues, a la par de esta estadística, encontramos otra que también es alarmante. **El 52 por ciento de las empresas aseveran que no encuentran el capital adecuado para sus puestos de trabajo.**

- ¿Cuántas personas crees que se dedican a aquello que los apasiona?
- ¿Cuántos de ellos son como el encargado de iluminación, como aquellos valientes que diariamente reformulan las reglas de su profesión?

Actualmente nos encontramos con una cultura de la distracción por todos lados y esto se debe al exceso de estímulos que tenemos con el internet; a la falta de compromiso que vivimos a nivel personal y laboral, y a que damos por hecho muchas cosas. **Las suposiciones son los andamios de los errores.** Siempre tenemos que revisar todas las caras del cubo, todas las versiones de los involucrados.

Si quieres encontrar tu pasión, hoy tienes que hacer algo vital: **pregúntate cosas incómodas.** Pregúntate, siempre que estés siguiendo algún paradigma, si eso es lo que quisieras hacer o si solo lo realizas por la facilidad. Identifica lo que te mueve lo más rápido posible para que lo puedas convertir en tu propuesta de valor.

La plática con Arturo no se ha detenido. Primero creí que era un chavo carismático. Ahora lo confirmo y agregaría que es inteligente y entusiasta. Como él hay miles de chicos y chicas que pueden comerse al mundo, que van a poner reglas nuevas. Eso es motivante...

El futuro es uno de los lienzos más estimulantes que existen.

—Creo que hoy me voy con mucha tarea —me dice Arturo y se ríe.

—Bueno, lo más positivo de esto es que estás en un momento de tu vida en el cual no tienes muchas obligaciones, ¿cierto? Tienes mucho tiempo para revisar para qué eres bueno y qué te apasiona.

Uno de sus compañeros lo llama y Arturo le avisa con un gesto que ya va para allá.

—Muy buena plática. Creo que mi primera pregunta incómoda será cómo le digo a mis papás que no quiero ir más a las clases de programación. En fin, me voy con emoción. ¡Siguen cosas chidas! Mucho gusto.

—El gusto es mío. ¡Busca lo que te mueve! Tienes todas las herramientas.

Arturo se marcha. La emoción de la conferencia se va disolviendo y los encargados de producción e iluminación empiezan a recoger.

Vuelvo a sacar mi celular. Abro la nota que estaba escribiendo antes de la conferencia y continúo:

*«Antes de todo, existió la pasión. Es una condición para cualquier sueño o meta. **La pasión es uno de los ingredientes más importantes para nuestro impulso y para nuestro enfoque.***

Si tienes pasión, puedes ver con claridad tu destino. No se tratará siempre de ver los siguientes pasos, sino de saber que estás cumpliendo tu legado.

Por eso, antes de todo debe existir la pasión. Sin ella,
no hay concentración ni coraje.... Bueno,
de ese coraje que se escribe con h».

UNA PILA DIFERENTE

¡Cambio de escenario de emprendimiento! Dejamos atrás el auditorio, la conferencia y la vibra fresca de los estudiantes.

¿Dónde estamos ahora? En un lugar semi silencioso y semi aburrido. Estoy sentado en una sucursal de banco, esperando a ser atendido por un ejecutivo. Necesito consultarlo por una duda sencillísima. Es una visita breve, pero ya conoces la lógica del tiempo del banco.

Mientras espero, veo pasar a varias personas. Una de ellas es una señora mayor que yo. Cuando el ejecutivo se despide de ella, le dice que ya es momento de que disfrute de su jubilación.

Pienso en mi propia edad y no me gustaría que alguien me dijera lo mismo que ese ejecutivo. Quiero trabajar otros quince, dieciocho y veinte años más.

Cuando escucho a personas que sueñan, anhelan y santifican su jubilación, no me identifico en lo más mínimo. ¿Cuál es el chiste de esperar ansiosamente en un trabajo que no te agrada hasta que puedas vivir del dinero ahorrado? Lo más probable es que llegues con la pila desgastada, casi muerta, casi en calidad de depositarla en uno de esos basureros electrónicos.

Esperar durante tanto tiempo para encontrar una oportunidad, una pasión o una solución a la monotonía de tu vida laboral es equivalente a dejar que te pase la vida encima como un camión de veinticinco toneladas.

Cuando disfrutas lo que haces, cuando te dedicas a algo que es tan gozoso para ti que ni siquiera cobrarías por ello, la jubilación es una línea invisible y poco significante. Es solo una de esas tradiciones que todos conocemos, pero que quizás pocos celebramos. Es como la ornamentación en los platillos que nadie se va a comer. Miras ese pedazo de cilantro en el plato, o la palabra «jubilación» en algún documento, y sonríes, pero no se te hace agua la boca.

¿Has escuchado el término *oldpreneur*? Me enteré de su existencia hace poco y, mientras leía sobre ellos, no pude evitar sonreír. Te cuento. En Reino Unido está ocurriendo algo muy interesante y llamativo. Algo más propositivo que una nueva tendencia o algún rapero. Allá nació una ola de emprendedores que tienen dos comunes denominadores:

- Todos rebasan los 50 años.
- Todos están *capitalizando* su retiro.

El fenómeno es fuera de serie y, al mismo tiempo, demasiado lógico. Se trata de varios jubilados que no quieren sentarse a tomar el té y *digestive biscuits*. Lo que ellos quieren es seguir trabajando, establecer un negocio. Y quieren hacerlo con toda la experiencia y ganas propias de cualquier edad.

Ya lo entendimos: la edad es solo un número. Este no define tu vitalidad, tu optimismo, ni tu capacidad. Si ya establecimos que cualquiera puede emprender, el siguiente paso es definir el cómo.

Lo que vuelve diferente a la ola de los *oldpreneurs* es la visión y el apoyo del gobierno británico. Ante la necesidad de sus ciudadanos de no dejar de trabajar y de convertirse en fuente de empleo, los actores del gobierno han decidido crear un esquema económico llamado *pension led-funding*. A partir de sus 55 años, en vez de cobrar la pensión, pueden usar todo ese dinero ahorrado a lo largo de sus años laborales y convertirlo en un fondo de inversión. Otra ventaja es que el primer 25 por ciento del monto está libre de impuestos.

La idea del gobierno británico tiene resultados exitosos. Después de dar a conocer e implementar este apoyo económico, 2.5 mil millones de libras se han movido del fondo de pensiones a los diferentes fondos de inversión. Se estima que 500 mil personas sigan capitalizando su retiro en el futuro.

¿En qué emprenden los *oldpreneurs* británicos? Sus negocios están dirigidos a diferentes líneas: venta de té, teatros y nuevas tecnologías. En realidad, no es tan importante el giro de su negocio, sino la cantidad de competencias laborales que pueden imprimir en él.

Según un estudio del Massachusetts Institute of Technology (MIT) de Boston, realizado principalmente por Pierre Azoulay, Benjamin Jones, J. Daniel Kim y Javier Miranda, los emprendedores más exitosos son aquellos que empiezan entre sus 42 y sus 45 años[1]. Varios expertos en el tema consideran que esto se debe a que ya conocen el mercado laboral, han sobrevivido en él, y tienen la capacidad para innovar y proponer.

Ahora, es muy importante analizar este dato aunado a uno más: después de los 40 años, en México, es mucho más difícil conseguir trabajo. Las empresas y los empleadores prefieren contratar a talento joven. Esto acarrea ventajas y desventajas. En conclusión, los equipos intergeneracionales no son comunes.

---

1. Para concluir con estos datos, se analizaron dos bases de información: el *Longitudinal Business Database* y el Servicio de Rentas Internas del gobierno federal estadounidense. Se analizaron tres rubros: firmas de patentes, negocios respaldados por capital de riesgo y empresas de tecnología.

La dificultad para trabajar, para crecer y para ser tomados en cuenta (en toda la extensión de las palabras) podría servir de motor para un porcentaje de la población mexicana económicamente activa.

Hay muchos ejemplos de *oldpreneurs* que inventaron más de una regla para el manual de emprendimiento. Por ejemplo, Stan Lee, quien se hizo exitoso con Los Cuatro Fantásticos cuando iba a cumplir 39 años; sin embargo, alcanzó su fama años después cuándo creó el Universo Marvel. También está Ray Kroc, quien, aunque no fundó McDonald's, a sus 52 años se aventuró a poner más restaurantes, convirtiendo un pequeño negocio de hamburguesas en una de las franquicias más importantes de Estados Unidos y, algunos años después, compró todos los derechos. Y Jack Weil, quien a sus 45 años fundó Rockmount Ranch Wear, la marca más popular de ropa de vaqueros.

Creo que más de la mitad de los emprendedores maduritos tienen puntos en común: su coraje y su inconsciencia. Nadie quiere ser mandado a la banca. Mucho menos si sabes que combinas conocimiento del mercado, experiencia real en el «campo», y contactos. Este es un detalle importantísimo de los emprendedores de mayor edad. Aunque muchos tengan mayores compromisos financieros que una persona menor, también tienen muchas más anécdotas y madurez.

Oldpreneur, emprendedor madurito... No sabría cómo etiquetarme. Lo que sí sé es que quiero trabajar muchos años más y continuar cambiando paradigmas. Y sé que lo puedo hacer porque siento una pila diferente en mí. Algo me dice que puede ser que te identifiques con lo que te voy a contar...

Rostro de emprendedor

Sigo esperando mi turno en el banco. Desde mi lugar veo a una mujer sentada a unos metros de mí. Revisa entre sus folios y papeles. Tal vez no está aquí por un asunto tan sencillo como el mío. O eso parece por su nivel de nerviosismo y su cantidad de documentos.

Cuando saca una carpeta, vuela por el aire un labial. Se levanta a recogerlo y me ve. Se dirige a mí:

—Es una locura, ¿no es cierto? Cada vez que vengo al banco siento que olvido algo.

—Sí, entre más lo piensas es más caótico —le respondo.

—¿A qué te refieres?

—A que, si repasas y repasas los requerimientos, tal vez sientas que no tienes todo lo necesario. Muchas veces los papeles son importantes. Otras veces se trata de tus ganas de conseguir algo.

Su sonrisa se desdibuja. Sus cejas se elevan. Me doy cuenta de que le interesa lo que comento. Estira la mano y me saluda con un apretón seguro.

—Mucho gusto. Me llamo Beatriz. Vengo a pedir un préstamo, pues quiero iniciar mi propio negocio. Será una panadería.

—¡Excelente! Yo tengo un negocio de tamales.

Beatriz se ríe.

—Pues no tiene rostro de tamalero.

—Ni usted de panadera.

Y nos reímos.

Ella tiene, por lo menos, cincuenta años. Se nota que cuida su salud, porque carga con agua natural en una botella de vidrio y se mueve con agilidad.

Ni yo tengo que cargar con una vaporera enorme, ni Beatriz con un rodillo. **En realidad, como empresarios, no somos lo que vendemos, sino toda la filosofía, sistema y estructura de nuestro modelo de negocios.** Como ya he dicho, yo vendo saliva, experiencias y tamales. Y, por cierto, en los próximos años de mi vida laboral puedo vender otras cosas más.

Los emprendedores no tienen rostro
de emprendedores.
Los emprendedores se comportan
como emprendedores.

Es hora de restarle muchísimo romanticismo e idealismo a la figura tradicional de un emprendedor. Ellos y ellas:

- No tienen una edad específica.
- No estudiaron hasta cierto nivel escolar.
- No son hijos o hijas de empresarios.
- No recibieron educación exclusivamente en lugares específicos.
- **No tuvieron que dedicarse un 200 por ciento a su idea de negocio.**
- No son la minoría.

- No están peleados con ser empleados de alguien más, no por completo.

Los emprendedores somos personas inconscientes, con mucho corazón y que albergamos una idea con un propósito muy fijo. Queremos cumplirlo y mejorarlo. Buscaremos a las mejores personas para lograrlo.

Los emprendedores tenemos una pila diferente. Nos esforzamos por protegerla del desgaste producido por la cotidianidad.

—¿Y cómo te convertiste en alguien que vende tamales? —me pregunta Beatriz.

—Bueno, me pareció un negocio excelente. Lo ha sido, pero, como cualquier empresa que inicia, hemos tenido que cuidarla y hacerla evolucionar.

—Claro. Lo entiendo. Por eso necesito el crédito para la panadería. Quiero innovar con mi idea.

Reconozco en Beatriz la mirada de una emprendedora. La puedo identificar porque la he visto en muchísimas caras, muchas veces; y creo que cuando esa mirada aparece es casi imposible lograr que se vaya sin antes haberlo intentado un par de veces.

Porque me doy cuenta de sus ganas de aprender, decido compartir con Beatriz lo que he vivido. Prepárate, te adelanto, porque te vas a reír, te vas a sorprender y, ¡ojalá!, te vas a inspirar.

Cuando yo tenía 46 años se presentó en mi propio lugar de trabajo una increíble oportunidad. Yo no la había pedido. No había pensado en ella. Estaba cómodo y contento con lo que hacía, pero un pequeño comentario sincero cambió todo lo que conocía como empleo y emprendimiento...

El olor a hotel, el ritmo intenso de trabajo, la adicción que sentimos aquellos que estamos en la industria del turismo. Todo esto aprendí a amarlo a lo largo de las décadas que me dediqué a los huéspedes dentro del hotel.

Los que conocen de este negocio como yo, sabrán que nos convertimos en bichos raros que dedicamos la mayor parte de nuestro tiempo a pensar, vivir y mejorar la experiencia de quienes se alojan con nosotros.

A cada rato sucede que aquellos huéspedes frecuentes buscan empleados que se conviertan en sus amigos, en sus anclas en el mar desconocido de una ciudad que no es la suya. Yo me hice amigo de Carlitos Páez. El nombre te suena porque se popularizó bastante luego de que sobrevivió a una tragedia aérea en los Andes.

Carlitos acudía mucho a la Ciudad de México por trabajo. Él y yo forjamos una amistad tan profunda que yo llegué a ser su primer contacto. Por otra parte, me compartió los teléfonos de sus hijas e hijo para que yo pudiera comunicarme con ellos en caso de que sucediera un imprevisto.

Una vez, mientras platicábamos, Carlitos cambió el tema y me preguntó por qué no le ayudaba a vender sus conferencias. Si lo apoyaba conseguiría una comisión, cerca del veinte por ciento de lo que él cobraba.

—Órale, ¿y qué le dijiste? —me pregunta Beatriz.

—Bueno, así de rápido le dije que vender sus conferencias en el hotel era un conflicto de intereses para mí, pues yo administraba el área de eventos sociales y de congresos, pero en otros hoteles la historia cambiaba.

Así comencé a ayudarle a Carlitos a conseguir otros espacios. La comisión se convirtió en una entrada mensual buenísima. Ganaba cerca de tres mil dólares por ese trabajo. Esto comenzó en 2004. Meses después, mis horarios de comida se convirtieron en visitas a bancos, en momentos en la oficina dedicados a facturar o en salidas rápidas a los sitios donde Carlos se presentaría. La talacha dejó de ser algo esporádico y se convirtió en algo constante. Mi ritmo laboral estaba cambiando.

Tenía 46 años y estaba profundamente enamorado de mi trabajo. Pero también tenía 46 años y me apasionaba lo que estaba comenzando. Cuando analicé la competencia en el mercado, me percaté de algo muy interesante... **En ese entonces, lo que yo hacía era escaso.**

Los conferenciantes vendían sus conferencias por otros medios y con otras condiciones. Aparte, mi propuesta de servicio de conferencias se estaba extendiendo y ya no solo era Carlitos quien necesitaba de mis servicios.

Vi un autobús vacío...

Tenía 46 años y pude aprovechar la luz verde para el emprendimiento. Detecté que había un autobús vacío y decidí subirme a él.

—¿Por qué emprender a esa edad? —me pregunta Beatriz a esta altura de la historia.

Antes de contestar, cavilo solo un par de segundos.

—¿Cómo definirías esa edad?

—Pues, ya sabes, ya estabas grande.

Vuelvo a pensar unos segundos y pienso en muchos, muchos emprendedores que comenzaron después de sus cincuenta años. ¿Te los presento? Más bien, te los voy a recordar, porque lo más seguro es que ya los conoces. Has visto la cara de más de uno.

Oldpreneurs famosos

Ronald Reagan

Antes de ser presidente de Estados Unidos, a sus 69 años, fue actor de segunda en Hollywood. Finalmente logró convertirse en el primer mandatario de su país y estuvo ocho años en su cargo.

Julia Child

Era una publicista con una pasión extrema por la cocina. Escribió su primer libro gastronómico a los cincuenta años. El éxito fue tanto que la invitaron a participar en programas de televisión. Julia cambió los *slogans* y las estrategias de *marketing* por una maravillosa vida de chef.

Helen Mirren

Aunque hoy es mundialmente conocida tanto por su trabajo como activista feminista como por sus papeles como actriz, Helen Mirren alcanzó la fama hasta después de sus 50 años. A sus 61 años, ganó su primer Óscar.

John Stith Pemberton

Quizás se trate del farmacéutico más famoso de todo el mundo y no se debe precisamente a sus aportes en su área.

Inventó la Coca Cola cuando tenía 55 años porque estaba intentando desarrollar un medicamento que aliviara su adicción a la morfina.

Pemberton se convirtió en adicto luego de haber participado en la guerra de Secesión y haberse lastimado el pecho. La morfina le ayudaba a sentirse mejor. Hoy, el invento de John Stith es, para muchos, altamente adictivo.

Es imposible definir una edad para emprender, porque la vida se compone de episodios completamente diferentes y complejos. Muchos debemos experimentar determinadas situaciones para que crezca en nosotros el deseo de emprender.

Primero que nada, quisiera debatir el uso de la palabra «grande» o «mayor» y cambiarla por «maduro». Esta me gusta muchísimo más porque sé que refleja la suma de experiencias, hechos y vivencias que se acumulan con los años. Por otra parte, creo que es imposible ser 100 por ciento maduro para algo. La mentada madurez es solo posible cuando se es un plátano y contigo van a preparar un panqué.

Entonces, ¿por qué emprender cuando se te considera ya muy maduro? ¿Por qué hacerlo cuando tu madurez puede alterar el sabor del panqué ya horneado? ¿Por qué convertirte en emprendedor cuando tienes entre 40 y 45 años?

En mi experiencia, he detectado que son muy diferentes las razones por las que decidimos emprender. Te contaré las que más se repiten.

La necesidad

Hoy nos enfrentamos a una sociedad que prioriza al talento joven. No se debe simplemente a su creatividad, frescura e ingenio porque está demostrado que eso no es intrínseco a su juventud. Muchas veces lo que ocurre es un fenómeno llamado edadismo. ¿Has escuchado al respecto?

El edadismo surge cuando se discrimina o se deja de lado a ciertas personas simplemente por su edad. En España, por ejemplo, más de la mitad de los currículums no se leen solo por la edad de los candidatos.

En México, se considera que uno ya está «viejo» para entrar al mundo laboral si tiene 45 o 50 años. Después de esta edad ya es muy complejo incursionar o comenzar una carrera profesional con alguna empresa ya establecida.

Y por muchas más razones como esta es que emprender se convierte no en algo romántico y heroico que lleva a cabo una persona madura, sino una necesidad y una vía para sobrevivir. No olvidemos que la palabra jubilación va ganando peso a lo largo de las décadas. Una persona madura que emprende por necesidad está buscando afianzar sus próximos, y últimos, años de vida.

Golpe de suerte

Varios emprendedores han llegado hasta donde están sin haberlo planeado, sin proponérselo. Puede que se trate de una oportunidad única o un golpe de suerte. Sin embargo, es muy importante aclarar que suerte, fortuna y azar podemos tener todos, pero no cualquiera puede aprovecharlos.

Se necesita de un enorme empuje para aprovechar la oportunidad que se presenta.

Pensemos en Pemberton, el inventor de la Coca Cola. En su intento por hacer un medicamento que contrarrestara su dolor, ideó la receta del refresco más famoso del mundo. Evidentemente, pudo haber disfrutado del sabor e intentar venderlo solo en una farmacia, cosa que sí hizo, pero no se quedó ahí. Entendió que la gente lo compraba por el dulzor. Prefirió mejorar la fórmula y vender bebidas.

Es decir que podemos toparnos con el golpe de suerte. Bueno, muchos, de hecho, nos topamos con este golpe y no siempre sabemos cómo sacarle provecho. Para muchos, lo que descubrió Pemberton pudo haber significado un fracaso, ¿no?

Aquellos que saben emprender y que tienen una pila diferente son capaces de escoger darle la vuelta a la tortilla y convertir la suerte en su motor inicial.

Inconsciencia

¡Claro! Muchos de los emprendedores maduros empiezan sus negocios porque ya vivieron cientos de vidas, ya saben una o mil cosas sobre determinado tema, y porque ya no tienen miedo. Como yo lo veo, este es uno de los mejores ingredientes —y uno de los más imprescindibles— para emprender.

Si ya no te da miedo la temperatura ni la profundidad del océano, pues solo saltas. No hay más. Otro de los factores de la edad es que estás curado de espanto. Entiendes que la vida es cíclica y que lo que sube tiene que bajar. Aparte sabes perfectamente que si trabajas con inteligencia, fuerza y estrategia obtendrás resultados. No hay de otra.

La inconsciencia puede asociarse también con la diversión, con aquel sueño que albergaste años atrás, pero que no realizaste porque la vida te arrastró a otros lugares. Algunos emprendedores *senior* abren el cajón de la melancolía y encuentran aquellos planes dorados. Entonces no lo piensan ni dos veces para comenzar.

En cualquiera de los casos que te acabo de comentar, lo más importante es la pasión. Sobre esto ya platicamos mucho, pero quiero que te preguntes varias cosas para reconocer si algo te apasiona y te hará emprender, o si solo es un *hobby*:

- ¿Investigas mucho sobre este tema?
- ¿Te encuentras, sin darte cuenta, en una situación relacionada a lo que te apasiona? Por ejemplo, haces planes para ir al cine y escoges una película de ese tema sin reflexionar tanto al respeto.
- ¿Tu pasión te divierte, hace que el tiempo corra rápido y te vigoriza?
- ¿Eres intuitivo con aspectos de tu pasión? Por ejemplo, intuyes ciertos detalles sobre ello sin haberlo estudiado antes.

Si respondiste más de tres «sí», entonces tienes una verdadera pasión. Trabaja con ella. Reflexiona en qué podrías conseguir si la persigues.

Es bastante probable que conozcas a alguien que ha emprendido, por pasión, a una edad más cercana al quinto o al sexto piso. Me atrevo a afirmar uno de dos posibles resultados:

- A esta persona le fue muy bien y hoy continúa con ese proyecto empresarial.
- A esa persona le fue muy mal y tuvo que regresar a lo que siempre ha sabido hacer.

Posiblemente esta sea una de las tantas bondades del emprendimiento *senior*. Hemos alcanzado tal nivel de *expertise* o profesionalización, que se nos reconoce por ello. Nos buscan para consultarnos. Nos cazan si saben que no tenemos algún proyecto.

No sé cuáles son los dos probables resultados del emprendimiento *senior* solo porque sí. No lo sé porque sea adivino, mago o por haber heredado una bola de cristal.

Lo sé porque el éxito y el fracaso son dos caras de la misma moneda. **No se puede fracasar a medias, ni tener éxito parcialmente.** Ambos son rotundos y son fuentes de aprendizaje.

A ver, aquí me tengo que detener y externar que el fracaso no es negativo y el éxito no es positivo. Ninguno por completo. Como dijimos antes, los dos adquieren sabores diferentes dependiendo de la actitud de la persona que los experimenta.

Si no logramos lo que esperábamos, pues fracasamos. Si conseguimos el resultado feliz de un negocio, actuación, etcétera (palabras de la Real Academia Española), fuimos exitosos.

¿Algún fracaso es más fracasado que otro?

Esa pregunta la dejo para que tú la contestes. La ejemplifico con dos casos para que puedas reflexionar más a detalle.

1. Emprendes un negocio y no logras ventas en el primer semestre. Decides bajar la cortina y pensar en dónde más puedes usar el capital que te sobró.
2. Emprendes un negocio y no logras ventas en un año. Estás forzado a bajar la cortina porque las deudas ya te llegan hasta el cuello.

¿Acaso un fracaso es más fracasado que el otro?

En palabras llanas, los dos fracasaron. La llegada hasta la meta inicial (las ventas nunca vistas) será más complicada para el segundo caso que para el primero. Sin embargo, si la actitud del segundo caso es apasionada, inconsciente, brillante y disciplinada... Bueno, cualquiera olvidaría (o vanagloriaría) aquel primer fracaso fracasado.

¿Puede un éxito ser más exitoso que otro?

Pensemos ahora en este ejemplo:

1. Emprendes y consigues el 100 por ciento de las ventas que planeaste alcanzar en tiempo y forma.
2. Emprendes y consigues un 50 por ciento más de ventas en tiempo récord.

Eso nos dejaría con un superávit si comparamos un caso exitoso con el otro. Pero los dos casos son un ejemplo de éxito, según la definición exacta de la palabra.

Que el fracaso y el éxito son dos caras de la misma moneda es una verdad universal y esto no cambiará con el trascurrir de las temporadas; mucho menos cambia por el factor edad.

No es posible que un «joven» emprendedor tenga una tercera opción, o una tercera cara de la moneda. Solo hay dos resultados y mil maneras de llegar a ellos.

Popularmente se ha vinculado el término emprendimiento con los chavos, los jóvenes. **De hecho, la mayoría de los fomentos y apoyos económicos administrativos y educativos otorgados para incentivar el emprendimiento se les entrega a los menores de 40 años de edad.**

Según el Fondo Nacional de Emprendedores, durante 2016, el total de fondos gubernamentales se repartió de la siguiente manera:

- A los emprendedores de menos de 29 años se les dio: $197,640,313.48
- A aquellos de 30 a 44 años: $338,170,406.54
- A los de 45 a 59: $197,142,013.31
- **A quienes tienen más de 60: $57,429,718.78**

Si se considera que en México el 89 por ciento de los emprendedores comienza su negocio con su propio dinero, su capital y sus ahorros, las cifras del Fondo Nacional de Emprendedores revelan una de dos: o que los más jóvenes necesitan más recursos o que son más propensos a pedir el apoyo de alguna institución.

La juventud se asocia con el florecimiento de las ideas y con una abundancia de energía. Encima, la juventud también tiene dos particularidades que los diferencia de los «maduritos».

La primera razón es la responsable de que el 44 por ciento de los egresados no encuentre rápido trabajo: les falta experiencia.

La segunda razón es la responsabilidad. Es mucho más probable que una persona joven tenga menos dependientes económicos, óptimas condiciones de salud y menos bienes inmuebles que atender y mantener.

Al grano. Cuando se es joven se puede meter la pata sin tantas repercusiones... o al menos eso es lo que, culturalmente, nos han enseñado a pensar.

Por eso, ahora quiero que pienses en una persona madura que se equivoca y mete la pata. ¿Acaso esto significa el fin de su vida? ¿Quiere decir que no va a poder ir a determinado lugar, que perderá amigos, que se le obligará a inscribirse al no existente padrón de fracasados?

¡No! Tampoco hay una edad para meter la pata. Tampoco existe un mejor o peor momento para hacerlo. **Todo, absolutamente todo, se reduce al tipo de pila que traigamos. Ese es el gran secreto.**

Sin embargo, quiero compartirte un dato estadístico que, en lo personal, me sorprendió mucho. Según datos internacionales, los emprendedores maduros tienen probabilidades más altas de conseguir el éxito que los emprendedores jóvenes. Como lo lees.

La tasa de éxito de los senior es del 70 por ciento.
La de los chavos es del 28. Esta ventaja porcentual
de 42 puntos se debe a que los maduros tenemos
más de un as bajo la manga. Me estoy refiriendo a la
paciencia, resiliencia, experiencia y conocimiento.

Ojo, atención, un momento. Con tantos números y tasas no quiero que se malinterprete mi mensaje. Como lo mencioné antes: no hay una edad idónea para emprender. Más allá de la edad y experiencia, el factor determinante para que nuestra moneda caiga con la cara de éxito es la pila. Es nuestra actitud.

Ser emprendedor maduro a veces quiere decir morderse la lengua y evitar aleccionar a los otros. Ser emprendedor maduro quiere decir hablar en el presente. Dejar de levantar el cuello por el pasado y pensar, en el hoy, cuál será tu futuro.

Una de las características más importantes del emprendedor es que quiera aprender. Si dejamos que se nos suban los años a la cabeza vamos a querer hablar y hablar, sin escucha ni apertura.

Lo que he descubierto es que muchos emprendedores maduros son más jóvenes en su mentalidad que otros emprendedores chavos. Así que, tanto en la vida como en el emprendimiento, es cierto lo que se rumora. La edad es solo un número.

Emprender en rosa

Con Beatriz, de más de cincuenta años, sí, quien se topó conmigo en el banco, hablamos de la gente que emprende después de determinada edad. ¿Pero qué pasa con LAS que emprenden? ¿La aventura del emprendimiento es diferente para las mujeres?

Según la CEO del primer unicornio rosa de América Latina, Silvina Moschini, sí.

Ella usa un concepto que me gusta. *Skirt the rules*. Silvina explica que esto significa ponerles falda a las reglas para acercarlas más a la realidad de las mujeres. Pero también tiene que ver con doblarlas sin romperlas. *Skirt the rules* es pensar más allá de lo que convencionalmente le han enseñado a una emprendedora que puede hacer.

El caso de Silvina es bastante atractivo. Tiene una visión que une la tecnología, el empoderamiento femenino y los financiamientos de muchos, muchos dígitos. Su unicornio[2] rosa se llama TransparentBusiness y se encarga de ofrecer soluciones de trabajo remoto, administración y conexión para diferentes negocios y compañías. A la par, Silvina creó SheWorks!, una plataforma enfocada en mujeres profesionistas que trabajan de manera remota.

Para asegurar su éxito, Silvina le puso falda a las reglas y pensó qué podía hacer diferente y con su estilo. Estas fueron sus acciones concretas:

- Iniciar un negocio *online*.
- Contratar talento remoto.
- Entrar a rondas de inversión con diferentes metodologías.
- Usar siempre tus mejores talentos.

Solo un 0.4 % del dinero de capital de riesgo llega a las emprendedoras en América Latina. La solución a este porcentaje es buscar otras maneras de conseguir capital. Silvina recomienda buscar, buscar y buscar. Puede ser *crowdfunding*, por ejemplo.

Cada vez hay más mujeres liderando empresas en América Latina. De entre 50 naciones analizadas, esta fue la región en la que el emprendimiento es más rosa. A nivel

---

2. Un unicornio es una empresa cuyo valor de mercado rebasa los mil millones de dólares en su etapa inicial de financiamiento.

global hay una tendencia ascendente en el número de CEO mujeres. Estamos hablando de que, en el 12 % de las empresas unicornio del mundo, lleva la batuta una emprendedora.

Otro de los tips concisos de Moschini es que busques crear un *networking* poderoso. La unión hace la fuerza, dice un dicho, y es completamente cierto. También dicen que copias los hábitos de quienes te rodean. Busca entornos saludables para tus ideas de emprendimiento. También busca sinceridad en las personas en las que confías. Vale más un momento de incomodidad sobre una idea que años y años de despilfarro en un negocio que no funcionaba desde el día uno.

El gran secreto de Silvina para descubrir los unicornios es apoyarte al cien por ciento en todas las plataformas tecnológicas posibles. Úsalas sin miedo y considéralas dentro de tu esquema de producción, negociación y organización. La tecnología hoy está en bandeja de plata para nosotros.

Por último, cree en tu propia historia. Rompe con todas aquellas ya preconcebidas de lo que una emprendedora puede hacer. Ve más allá del asunto de género y enfócate en la CEO en potencia que ya eres.

—¿Y tú por qué emprendiste? ¿En qué grupo estás? ¿Fue suerte, inconsciencia o necesidad? —me pregunta Beatriz mientras los dos seguimos esperando a que nos atienda uno de los ejecutivos bancarios.

—Creo que es muy difícil contestar cuando la pregunta es tan personal, ¿sabes? Al final del día emprender no se limita a una sola razón. Es la genial suma de varios factores. ¿Tú por qué emprendes?

Me mira con la sonrisa y mirada que ya antes reconocí. A Beatriz la llaman por su nombre y ella se despide. Me da las gracias por la charla.

—Espero que algún día vayas a mi panadería.
—¡Será un placer, señora panadera!
—Adiós, señor de los tamales.

Emprendí por gusto, por pasión, por inconsciencia y por suerte. Tengo una trayectoria profesional que me pone la piel chinita. Luego de tantos años mi experiencia en la industria del turismo era muy amplia. Pude haber continuado ahí si hubiera querido. Pero, al igual que el mundo de la hotelería, yo sentí que era alguien en constante crecimiento y con ideas expansivas.

Probé lo que era el mundo del emprendimiento y el universo de ser tu propio jefe... y me encantó.

Los retos, los alcances y los logros eran muy distintos a los que percibía en mi empleo. Un día la demanda de conferencistas creció tanto que decidí dar el salto. No pensé en la profundidad, la temperatura ni los monstruos marinos. Solo salté. Y de esos divertidos y fructíferos laberintos hablaremos más adelante...

Capítulo 4

FRENTE A LAS ESTRELLAS

—Gracias por venir, Luis.

—Gracias por la invitación —le contesto a mi interlocutor. Se llama Esteban.

Estamos en el pasillo de un quinto piso. Esperamos a que nos dejen entrar a una sala de juntas. Él, como asesor y consejero de esta incubadora empresarial, me invitó a dar mi opinión sobre cierto proyecto de emprendimiento. Estoy emocionado. ¿De qué se tratará?

—Los chicos que vas a conocer hoy están algo nerviosos. Ya sabes que esta es una prueba para que perfeccionen todo lo que van a decir, y puedan presentarse a rondas de inversión.

—Sí, entiendo que estén nerviosos.

La puerta se abre. Desde adentro emana un aroma a café y pastelillos. Esteban y yo entramos y vemos algunas frutas en el *coffee bar*. Frente al equipo de chavos emprendedores hay varias cajas de cartón. Que comience la presentación.

Esteban me pidió ser concreto y lacónico a la hora de expresarles mi opinión a los chicos. Y eso hago. Después de haberlos escuchado e interrogado, me pareció que lo que más les falló fue la pertinencia y utilidad de su producto. Nos enseñaron una línea de cajas de cartón y bolsas de plástico. Muy bien, es un producto necesario, sobre todo en un mundo que le apuesta más al *ecommerce* y que necesita soluciones de embalaje. ¿Pero qué diferencia a estas cajas y bolsas?

Pensar en la respuesta a esta pregunta me lleva a recordar el primer año de mi emprendimiento, mis primeros doce meses de emprendedor. Como he narrado antes, comencé por comercializar las conferencias de mi buen amigo Carlitos Páez. La primera venta la conseguimos con la UP durante el año 2004. Lo recuerdo y todavía me emociono. Fue el mejor motor para proseguir. A la par que trabajaba en el hotel, me escapaba al banco para meter facturas y cobrar. Estaba entusiasmado.

Pronto los compradores de la conferencia me pidieron que les ofreciera a otros *speakers*. Rápidamente se notó la necesidad. Me puse las pilas. Reflexioné seriamente qué podía hacer. La respuesta, por fortuna, estaba frente a mí. Literalmente.

Al otro lado de la calle, afuera de mi oficina, estaban las oficinas de Grupo Imagen. Cara a cara tenía a celebridades como Pedro Ferriz, Adela Micha, Javier Alatorre, Fernanda Familiar, por mencionar algunos. Era una pasarela de estrellas para mí. Quise convertirlos en mis clientes, quise vender sus conferencias. Con aquel ímpetu comencé a explorar la oportunidad de ofrecerlos como *speakers*.

Detengámonos en este punto. Al igual que estos chicos con cajas de cartón, yo tenía un servicio que se podía asemejar al de muchos otros. Quería ofrecer mi experiencia y talento para hacer algo que, probablemente, los conferencistas ya hacían por sí solos. Entonces, como los chichos del embalaje, tenía que encontrar mis ventajas y mis distintivos.

Tuve que hacer algo loco, pues si le apuestas a las locuras solo hay dos opciones: o le atinas y te diviertes, o erras y le aprendes.

Con una gran dosis de inconsciencia, una docena de huevos y kilos de miedo, decidí algo arriesgado. Dejé mi zona, mi comodidad, mi rutina y mi mundo conocido. Renuncié y di otro salto cuántico. A mis conocidos y amigos les expliqué que era mi momento de regalarme un año sabático. A mí mismo me dije que tenía ese lapso para demostrarme si podía emprender en algo que me movía o si seguía en aquello en lo que siempre había sobresalido.

Y renuncié.

—Chicos, no puedo negar que su producto es útil y tienen mucho potencial como una empresa B2B. Pero creo que deben afinar todavía algunos puntos. Tal vez tienen que explorar qué hace su competencia y cómo demostrarán que ustedes no son ellos.

Cualquier proyecto de emprendimiento debe tener cuatro características. Emprender se trata de crear algo...

- Que te apasione, que seas capaz de no cobrar por hacerlo. Como ya lo hemos visto en otros capítulos, algo que sea tu pasión.
- Que resuelva una necesidad real y tangible del cliente.
- Con un propósito que no sea económico. El dinero es un resultado, no una finalidad.
- Que resulte escalable en el mercado.

Los cuatro jóvenes emprendedores que estaban parados frente a mí solo se limitaron a afirmar con su cabeza. No dijeron nada más. Aparte del café y los panecillos, me pareció que pude oler algo más...

Delegamos ciertas tareas a los chicos y nos despedimos. Esteban me acompaña al mismo pasillo donde antes nos saludamos y me pregunta si no quiero beber algo en la cafetería del edificio.

—Creo que tú y yo nos dimos cuenta de algo con estos chavos, ¿no, Luis? —me pregunta.

Le sonrío y accedo a tomar un café. Sé de qué está hablando él. Como yo, Esteban también olió que estos emprendedores tienen miedo.

LO QUE TE QUITA Y NO TE DA SER EMPREDEDOR…

Aúllale a la luna

En el imaginario colectivo, existe un sinfín de metáforas con relación al miedo. En lo personal, la que más me gusta es la que lo compara con un par de lobos. Pero hoy vamos a acercar a nuestra realidad, todavía más, dicha metáfora. Pensemos en los primos de los lobos. Hablemos de perros.

Si tuvieras que conseguir una raza en específico de canes para que custodiara tu casa, ¿cuál escogerías? Yo opto por un par de dóberman. Ya sé, puede sonar a cliché, pero si repetimos algo es porque sirve. Los dóberman asustan. Oscuros, tensos, musculosos.

Dime, si tienes al par de dóberman afuera de tu casa, muy pocos querrán entrar. ¿A ti se te antojará salir? Imagínate que te asomas por la ventana y ves a estos dos perros vigilantes, a la expectativa, con la mirada directa hacia ti, como una flecha. ¿Qué te daría seguridad para salir? ¿Acaso entrenamiento de los animales? ¿Será saber que ellos te conocen y viceversa?

Creo que el mejor lugar para este par no es la parte delantera de tu casa sino a un lado tuyo. Uno a cada lado, cuidando tus costados. En un espacio conocido, en un lugar donde los puedas vigilar y los supervises mejor.

El miedo es esos dóberman. **A pesar de ellos, y a su lado, caminarás por tu casa, saldrás de ella, recorrerás nuevos lugares y dominarás montañas.** Quién sabe, probablemente llegues a una cima con una jauría de diez perros, entre dóberman y pitbulls. Si quieres hasta puedes agregarle lobos. Si llegaste a la cima gracias a tu control y dominio, tú y todos los canes aullarán a la luna. Todos juntos celebrarán el éxito.

Los perros y los lobos son tus miedos y, como son tuyos, van a tu lado. Tienes que caminar siempre con ellos y tenerlos muy cerca, conocerlos y nombrarlos para poder trabajar con y a pesar de ellos.

- Que el miedo nunca se vaya es buena señal.
- **Que tu actitud se adecue para dominar al miedo es la única forma de mantener vivo tu emprendimiento.**
- Que tu inconsciencia sea un común denominador a lo largo de tus acciones significa que nunca te faltará combustible para conseguir tus metas.

—¿Tú tuviste miedo cuando empezaste a emprender?

En la cafetería ubicada en la planta baja del edificio, por un momento me siento perdido pensando en lobos y perros. Esteban me mira con curiosidad.

—Sí, el miedo es uno de los ingredientes de la receta del emprendimiento. Hay que sentirlo y controlarlo. ¿A ti no te sucedió?

Se cruza de brazos, se recarga en la silla y clava la mirada en el techo. Luego se ríe.

—En algunas ocasiones tuve tanto miedo que tuve que cancelar juntas. Lo bueno fue que tenía un equipo muy sólido que me obligó a salir y dar la cara. Estoy de acuerdo. El miedo es señal de que vas por buen camino. Y a lo largo del desarrollo de cualquier emprendimiento, del emprendedor de cualquier edad, el miedo surgirá.

—Sí, a veces hasta en los lugares donde menos lo esperas —concuerdo—. Donde sientes que tienes más seguridad. Piensas que ya lo conseguiste y repentinamente ataca el destino y los factores externos. Pero lo que más valoro del miedo es que te persigue. Tú decides si te congelas o si actúas. Tú decides si escoges una dirección y te mueves.

Esteban afirma con la cabeza y vuelve a cruzar los brazos. Su celular suena y me pide, con un gesto, que lo disculpe.

Mientras se marcha me quedo pensando en lo que acabamos de platicar. Veo a las demás personas que están en la cafetería. Aunque el miedo es una experiencia individual, podemos sentirlo con ciertas generalidades. Todos tenemos miedo, pero también todos podemos dominarlo.

La correa para tu dóberman se llama responsabilidad. Piénsalo de esta manera: si vas por el parque y tu perro ataca a alguien, la culpa es tuya por no haberlo cuidado. Es tu perro, es tu problema, es tu responsabilidad.

Si no quieres que ataque, debes controlarlo. Usa la correa llamada responsabilidad y tu óptica va a cambiar. Como tu miedo se mantiene cerca, puedes ver mejor lo que te rodea. Ahora no estás distraído persiguiéndolo con la mirada. El dóberman está contigo y tú controlas sus pasos. Tener en tu mano esa correa llamada responsabilidad forzosamente te lleva a generar un compromiso. Aquí debes prestar total atención. **Ese compromiso es contigo, exclusivamente contigo.** Tú creas el contrato, tú lo firmas y tú cumples con cada póliza y acuerdo.

Aullarle a la luna es para personas valientes, responsables y comprometidas. Cada uno escoge cómo materializa estas características. En mi caso, como ya lo mencioné, yo renuncié y creé un compromiso: tenía doce meses para formar una plataforma sencilla para comercializar conferencias. **Me propuse inventar un modelo de negocios que no dependiera al cien por ciento de mí.** Mi proyecto debía darme la libertad de regresar a la hotelería cuando el año sabático concluyera.

Con base en este compromiso, generé una lista de tareas. Varias de ellas se relacionaban con investigar qué existía en el mercado que fuera similar. En el caso mexicano, no había algo como un buró de *speakers*. Metí toda la información recopilada en la licuadora y obtuve lo mejor de lo mejor. Así desarrollé el primer modelo de mi proyecto.

Ojo, todavía no sabía hasta dónde me iba a llevar, ni qué otros compromisos se irían generando con el paso del tiempo. Sin embargo, a pesar del miedo y de los ladridos de mi jauría, me atreví a comprometerme.

Uh, qué miedo

Si puedes superar el miedo y tomar riesgos,
conseguirás cosas sorprendentes.

Marissa Mayer

Podría explicártelo de mil maneras. La realidad es que solo lo comprendes hasta que lo vives. Así opera el miedo. Lo conoces, hasta que lo conoces.

¿Por qué sentimos miedo? Bueno, la lista es gigantesca...

- Miedo de no haber apagado la estufa cuando sales de viaje.
- Miedo de que algo le pase a tu familia.
- Miedo de lo desconocido.
- Miedo de que alguien se te aparezca.
- Miedo de que el mundo se acabe pronto.
- Miedo a las arañas y víboras.
- Miedo a las alturas.

A mí me pasó algo que me produjo mucho miedo. Aparte de atemorizante, fue repentino y sucedió en los primeros meses de mi juego inicial como emprendedor. Paladeé un punto de inflexión.

Tenía 46 años, dos hijos de nueve y seis años, respectivamente, y una empresa en la licuadora. Aparte de eso, tenía cáncer de próstata. Mi padre había fallecido por lo mismo tres años antes.

Era marzo de 2005 y no contaba con algún seguro de gastos médicos mayores. Es uno de los problemas con los que te puedes topar tras la costumbre de años de contar con un empleador que revise tus esquemas de protección. Yo pensé que estaba asegurado y saludable. Me equivoqué por partida doble.

En ese punto de inflexión uno de mis pensamientos más frecuentes era que, si yo partía, nadie se iba a enterar de la fundación de mi negocio. Después de todo, tan solo era un recién nacido de seis meses. Comercializaba muy pocas conferencias y seguía definiendo incontables detalles sobre la empresa.

Aquel era un miedo muy diferente a los miedos previos a decidir si era mi momento de emprender o no. Este no era como un lobo o un perro que me miraba fijamente. Era algo que residía dentro de mí y que se comunicaba conmigo a través de cualquier detalle.

Cuando tienes cáncer, valoras y consideras miles de detalles que antes solo eran nombrados como rutinarios. Cuando la palabra «muerte» se cuela en tu léxico cotidiano, temes por todo aquello que quizás no puedes hacer.

Tuve que hacer una serie de malabares durante esos meses. Y así como le puse la correa de la responsabilidad a mis perros, tuve que decidir con fiereza qué iba a hacer con respecto a mi enfermedad. Aprendí que diagnóstico no es destino.

Cuando estás comenzando a emprender tienes que minimizar todos los riesgos. Esto no significa que los elimines por completo. A lo que me refiero es, a que los comprendas y descubras en cuáles veredas hay más obstáculos y baches. Procura no pasar por ahí, cuida tus llantas. Decidí hacer algo similar con el cáncer.

Fui enfático cuando le dije al doctor que quería ser operado. Sobre mí había varios temporizadores que no se detenían por ninguna razón.

- Uno de ellos me recordaba que pronto se acabaría mi tiempo de ser un alto directivo de hotelería desempleado en el mercado. Pronto dejarían de lloverme ofertas laborales.
- Otro temporizador me recordaba que era padre de familia y que todavía me faltaban muchas aventuras al lado de mis dos hijos.
- Un tercer temporizador marcaba las horas con cierta solemnidad. Entendí que era el tiempo que me restaba para mostrar formalmente el proyecto al que le había invertido los últimos meses de mi vida...

Es raro hoy escribir la frase «los últimos meses de mi vida» y percatarme de que no pensé que el cáncer pudiera ser el final. Suena funesto y terrorífico, ¿cierto? No diré, como muchos sobrevivientes del cáncer, que yo impedí que la enfermedad acabara conmigo. No me referiré a milagros ni tiempo extra. Caí en la casilla del cáncer y pude decidir. Aprendí de la enfermedad y, otra vez, cambió mi pila.

Esperé a que los doctores confirmaran que la operación había sido exitosa. Esperé a que ser saludable fuera una constante frecuente, de nueva cuenta, en mi vida. Nunca dejé de inyectarle energía a mi proyecto. Mantuve mi enfoque en lo que me había prometido.

A pesar de que me alejé de la casilla del cáncer, los temporizadores que te comenté se mantuvieron sobre mí. Aquel que contaba el tiempo para que empezara mi fase de emprendedor, emprendedor hecho y derecho, seguía ahí, latente.

El temporizador que me recordaba que probablemente el mercado me daría la espalda pronto se convirtió en un motor. Dejé de temer a la pérdida del confort y afiancé lo que ya pensaba: cuando eres fuerte en lo que haces y sabes hacerlo bien, puedes emprender otra cosa. **Porque lo peor que te puede pasar es regresar a aquello en lo que eres bueno, pero en otra cancha.**

La partida, la falta de oportunidades, el fracaso posible, horas menos... Esos son los miedos que alcanzo a identificar en mi primera fase como emprendedor.

Argumentos MM

La lista de los miedos generales es larga. Casi eterna. Pero, como todo, tiene su arreglo o contraparte. En los siguientes párrafos te voy a compartir unos argumentos mata-miedos (MM) que te convertirán en una persona temeraria e inconsciente, pero siempre responsable.

Aquí te va un *teaser*:

Cuando te cuestiones qué hubiera pasado si te hubieras decidido por otra opción, recuérdate qué te llamó de la posibilidad de emprender. Por ejemplo:

Decidiste dormir menos porque,
a la par que trabajas, estás intentando darle vida
a un proyecto que por el momento solo vive
en tu cabeza. En esas horas de cansancio
te preguntas qué haces ahí, por qué no permaneciste
en tu trabajo seguro, para qué te arriesgas.

El argumento mata-miedos que debes usar a esas altas horas de la madrugada es nombrar qué te late de tu emprendimiento.

Ve todavía más al fondo para dominar tu miedo. **Pregúntate qué te gusta tanto del emprendedor en el que te estás convirtiendo.**

Este es mi consejo. Si esta imagen no te mueve lo suficiente, quizás debas evaluar si no prefieres dormir mejor y continuar como empleado de alguien más. Hay personas que no esperan tres años para que funcione su emprendimiento, pero sí están 40 años de empleados en una empresa.

Pasemos a otro escenario muy repetitivo en el camino del emprendedor. Este set se llama incertidumbre y puede ser provocado por el exceso de opciones, comentarios o conocimiento.

Vamos con otro ejemplo...

Por fin te decides a comercializar ese producto que tanto te interesa. Digamos que se trata de impresoras 3D. Para tomar tu decisión investigaste sobre el tema. Pros, contras, ventajas y desventajas. Ya elaboraste listas, llenaste páginas y consultaste hasta las cartas del tarot.

Tu investigación rindió frutos y eres un gurú de tu tema, pero este exceso de información te atemoriza. Ya que conoces a la perfección el producto, te da miedo que no funcione por: (inserta aquí detalles minúsculos que tú conoces, pero tu cliente ideal no).

Lo mismo puede pasarte si le preguntas a tu círculo cercano qué opina de tu futuro negocio. Un buen porcentaje te echará porras porque sabe que eso es lo que hace un amigo de verdad. Otros se pasarán de sinceros y quizás te contagien sus propios miedos.

Aprender, escuchar, preguntar y consultar en exceso provoca miedo. ¿Con qué argumento liquidas a este par de dóberman? ¿Cuáles son las palabras MM que debes usar? Es sencillo. En el caso de que sepas mucho, relájate y respira.

Conocer tu servicio o producto es garantía de poder defenderlo en el mercado, posicionarlo mejor y saber cómo diferenciarlo. ¿Te sientes ahora más tranquilo?

En el caso de que hayas escuchado cientos de comentarios sobre lo que pretendes hacer, también relájate. Yo considero que tienes que oír todo esto, pero con mucha objetividad. Si algo de lo que te han dicho resulta novedoso o impactante, revísalo y afina tu proyecto.

El resto de los comentarios súmalos hasta que tengas un 50 por ciento de certeza de lo que deseas hacer. **El cincuenta restante se debe conformar por algo que bauticé como «chinguesumadrismo».** Para mí esta es una señal de que ya tienes seguridad en tu proyecto. Ocurre cuando vas contra viento y marea, puedes escuchar los comentarios «negativos» y aun así piensas: «Chingue su madre, lo quiero intentar»… Entonces estás listo. Tu jauría está controlada y los siguientes destinos serán sinónimo de éxito.

¿Qué otro miedo es muy común entre los emprendedores? El temor que yo llamo el dinero para la tiendita.

¿Te acuerdas cuando eras niño y te mandaban a comprar tortillas o leche? Tu mamá te daba un billete o algunas monedas y listo, era tu momento de demostrar tu alto nivel de responsabilidad. En la tienda, el dependiente te decía que no tenía el producto que te habían encomendado. Entonces tú te detenías a pensar. ¿Debías regresar con las manos vacías o llevar un reemplazo igual de satisfactorio?

Esto les pasa a los emprendedores que comienzan con dinero de inversionistas, con capital de otros. En el camino del emprendimiento muchas situaciones no resultarán según lo planeado. Puede ser que en la tienda no tengan el producto que necesitas; que los aranceles cambien y ya no te convenga exportar desde determinada región; que tu servicio pierda pertinencia y sea reemplazado; que los factores externos estén en tu contra. Hay muchísimas posibilidades de que falles. **Cuando un proyecto arranca, surgen preguntas y miedos a corto plazo.**

¿Con qué argumento vencemos el miedo del dinero para la tiendita? Podemos resolverlo de manera pragmática: con un plan de negocios bien elaborado y debidamente presentado.

Regresemos al caso de los chavos emprendedores que nos enseñaron su propuesta de negocio, sus prototipos de cajas de cartón. Ellos tienen que zambullirse por completo en la investigación y defensa de su negocio. Se deben esforzar por ser claros con los inversionistas para que se comprenda a dónde irá cada peso y cómo regresará.

A veces, en la euforia de conseguir dinero para comenzar a emprender, olvidamos que el dinero que se le inyecta a nuestro negocio no es nuestro por completo. No son morralla que sobra para comprar galletas en la tiendita. Es capital que se regresa, bajo lineamientos estrictos, a las manos de los inversionistas.

Por eso los emprendedores tenemos que escoger nuestros miedos con cautela. Témele a una presentación de negocio mediocre, a un plan de negocios con partes turbias y confusas, a un equipo de emprendedores que no se debatió a sí mismo y que no jugó a ser el abogado del diablo.

Dentro de tu estudio de emprendimiento lo que debe reinar son la objetividad y la criticidad, porque afuera te defenderás ante los perros y lobos que cada nuevo miembro de tu proyecto tiene por compañeros.

El camino del emprendimiento, a diferencia de lo que se suele pensar, no solo se trata de pasión. Es sobre avanzar todo el tiempo. Hasta avanzar cuando duermes. **Que tus sueños continúen alimentando tu emprendimiento.** Para domar a los miedos, lo que debes hacer de manera forzosa cuando estás emprendiendo es innovar y satisfacer. Crea argumentos MM con base en esas dos características.

Busca lo siguiente:

• Innovación de productos y servicios.
• Satisfacción de necesidades reales de clientes.

Si no estás cumpliendo con estos puntos, temo decirte que muy probablemente te va a comer la competencia, no conseguirás los resultados que necesitas y los clientes no van a tocar a tu puerta. Ánimo, no dejes que se formen más perros afuera de tu casa solo porque no atendiste la innovación de tu producto o servicio, y la satisfacción de tu mercado meta.

La mejor manera de mantener un sueño es despertando. Esto significa ser perseverante, convertirte en cuchillito de palo. **Mira, si ya estás metido en esto (y espero que sea hasta las narices) es preferible morir en el intento que morir del aburrimiento de ver tu sueño pasar.** Vaya, hasta tu par de dóberman se aburriría de esa actitud aletargada.

Con todo y miedo tienes que hacerle caso a tu intuición.

Por ahí hay una canción de la banda mexicana Fobia que dice:

> *Hoy tengo miedo de salir otra vez...*
> *tengo miedo de que me pueda gustar.*

A ese punto tienes que llegar. A ese punto de no retorno, de gusto semi culposo, de desear ser intrépido, de buscar el próximo reto, porque te lo aseguro, no te vas a arrepentir... ¡te va a gustar! Te vas a divertir persiguiendo perros chihuahua, golden retriever, gran danés. Te gustará aventarles una pelota... y ver cómo te la devuelven.

La manzana prohibida

Sigo platicando con Esteban en el café y, vaya, la cantidad de generalidades que hemos compartido sobre lo que significa ser emprendedor.

—Me acuerdo con claridad que, cuando estaba empezando a darle forma a lo que quería hacer, muchas empresas empezaron a buscarme. Me sentía codiciado —le platico.

—Sí, entiendo lo que dices. Es similar a cuando comienzas una relación sentimental y, de repente, te llama la ex, la mujer que siempre te había atraído y hasta una conocida de la que nunca hubieras sospechado, ¿verdad?

¡Qué buen ejemplo! Nos reímos con fuerza porque es verdad. Es como si alguien te espiara y, en cuanto das el salto al vacío para emprender, te envía miles de cuerdas para regresar a ser el empleado de alguien más.

Hay tentaciones en el camino del emprendedor. Muchas tentaciones. Unas de ellas son...

- Ese cheque seguro quincena tras quincena.
- Las prestaciones que haces menos cuando sigues en el trabajo «formal», pero que te hacen ojitos cuando ya no cuentas con ellas.

- Saber que, cuando se acaba tu horario, regresas a tu casa y hasta puedes olvidarte por unas horas de tus pendientes laborales.
- Que un compadre, amigo o conocido sepa que andas intentando emprender y te contacte para que te asocies con él o ella, quien también está aprendiendo a domar sus perros y cumplir su proyecto.

Cuando tienes dependientes económicos, ellos casi siempre parecen estar del lado de las tentaciones. Tiene sentido. Tenemos que entender que, cuando decidimos emprender, estamos asumiendo riesgos y uno de ellos es perder comodidades y beneficios que ya les hemos dado a nuestros familiares cercanos.

Entonces sucede que tu familia o amigos te desaconsejan seguir los «**cantos de las sirenas**». A veces te preguntarán cuánto tiempo más vas a invertirle a tu negocio. Te cuestionarán si no es mejor que aceptes la propuesta laboral que está tocando a tu puerta.

Esta es la parte en la que yo también me pongo del lado de tus familiares y amigos y te preguntó dónde está tu planificación, tu agenda y tu estrategia. ¿Sabes cuánto tiempo más puedes sostener la aventura de emprender? ¿Has analizado si no es conveniente regresar a la vía tradicional y hacer espacio para tu proyecto por las tardes o fines de semana? ¿Será que te conviene asociarte con aquella persona?

Plantéate todas las preguntas que te quieras plantear. **Ese es uno de los encantos de ser emprendedor. Se abren mundos de posibilidades para ti. Salirte de tu rutina de años o décadas te permite ver que se puede hacer mucho, desde diferentes frentes, con muchos equipos.**

Recuerda que el emprendedor o emprendedora exitosa no es quien elimina los riesgos, sino la persona que los asume, los conoce y trabaja con ellos.

Cuando yo me tomé mi año sabático sentía la manzana prohibida muy cerca de mi mesa. Estaba ahí, a menos de medio metro. Roja, brillante, deliciosa. Lista para ser mordida. Esa cercanía me dio todavía más confianza en lo que estaba haciendo.

Pensaba que, si no tomaba determinada oportunidad, seguramente en un año me ofrecerían otra. Mi experiencia hablaba por sí sola. Pero decidí no comerme esa manzana. Me di cuenta de que podía preparar un bufete delicioso para mí. Aunque me tomaría más tiempo, preferí esa vereda.

Mantén a tu manzana cerca. Mírala y sopésala. No habrás fallado si decides comértela, pero sé muy cauto. Revisa que no esté podrida en su interior.

Con un ojo al garabato

—¿Y cuál fue la vez en la que tuviste más miedo, Luis? —me pregunta Esteban.

No puedo creer que llevemos tan poco tiempo en la cafetería, pero que hayamos hablado de temas tan intensos. Por eso me gusta escuchar diferentes historias de emprendimiento. Casi todas tienen los mismos componentes o ingredientes, pero ninguno llega al mismo resultado.

Algunos, con sus huevos, hacen omelettes. Otros se inventan un pastel. Ese es otro de los grandes beneficios del emprendimiento. **Como exige mucho temple y coraje, destaca tu**

más genuina personalidad. Resalta tu única y peculiar manera de lidiar con el caos, los obstáculos y también los éxitos.

—La vez que tuve más miedo con respecto a mi empresa fue durante la pandemia.

Uf, veo que Esteban tuerce la boca, levanta una mano y la agita. Se muerde el labio inferior.

—El definitivo 2020 —coincide.

Sí, ese año fue una bofetada y sin guante blanco. Es más, me atrevo a decir que fue un puñetazo limpio. Al menos, después del impacto, lo que obtuvimos fue una nueva iluminación para decidir qué hacer.

Ahora que hemos pasado los años críticos de la pandemia, intentamos encontrar certezas y comodidades. En mi industria lo veo. Por fin tenemos eventos, se agendan, se idean, se imaginan… pero los tumbos y altibajos de la pandemia nos deshacen los planes. Por ejemplo, de seis eventos en un mes nos cancelaron cinco. El mercado se contrae. La gente prefiere comprar directo que a través de una agencia.

Después de años, tropiezos, éxitos y aventuras solo tengo un consejo sobre la relación del miedo y el emprendimiento. Puedo darlo porque lo he seguido al pie de la letra, pues no había otra manera. Este es el consejo:

Haz las cosas y hazlas con miedo, mucho miedo. Uno muy conocido. Ese al que le has puesto nombre y apellido. El que has visto de cerca. El que mejor conoces.

Ahí es donde necesitas posicionar a tu miedo. Mantente con un ojo al gato y otro al garabato. Y nunca olvides tu intuición. Los emprendedores más experimentados coinciden en que esa vocecita interior suele saber más que algunas estadísticas y ciertos analistas.

Cuando empecé, nunca pensé dejar la hotelería. Eso es otro punto en común entre los emprendedores. Algunos comenzamos sin saber hasta dónde llegaríamos. Es similar a cuando tienes ganas de cocinar y piensas en algo sencillo: una quesadilla. Dentro de la cocina encuentras una que otra especia interesante y sabrosa, algún jamón ibérico. Cuando menos te das cuenta tienes un festín. Emprender puede parecerse a ese ejemplo. Si dejas que tu pasión y coraje te lleven, llegas lejos y feliz.

¿Qué consejos me atrevo a dar sobre el inicio de cualquier emprendimiento? Son los siguientes. Algunos ya los he mencionado, pero quiero resumirlos aquí porque son útiles. Garantizan que te pierdas menos en el laberinto de los primeros pasos:

No pienses que tu negocio te va a dar de comer inmediatamente

Y, por ende, no te comas a tu negocio. He escuchado a muchas personas que fracasaron en su intento de emprender. Su error fue comenzar a tomar grandes rebanadas de su pastel que todavía estaba en el horno. Cuando emprendes, tienes que ser paciente, al menos que estés adquiriendo una franquicia o que tengas una cartera gigantesca de inversionistas.

Sé paciente y comprende que los primeros tres años de tu negocio son de formación. Cuando logres pasar este periodo, entonces notarás que es fructífero. Yo te recomiendo que te pongas a dieta y que decidas cómo vas a usar tus ganancias para seguir invirtiendo en tu proyecto.

Escucha a los demás, sobre todo si te aman, pero sigue buscando el «chinguesumadrismo»

Como lo mencioné antes, todos aquellos que te conocen van a querer opinar. Algunos con mentiras, otros con franquezas dolorosas. No te detengas. Apunta lo que te sirve y sigue evaluando tu idea. Cuando encuentres argumentos sólidos que te hagan confiar más en tu negocio, apúntalos. Esta información te puede servir en rondas de inversión, si decides buscar algunas.

Si quieres números, entrega números

O ármate un plan de negocios lógico que incluya un apartado concreto sobre qué ganancias esperas recibir y cómo le regresarás su dinero a tus inversionistas.

Amazon se fundó en 1994. En sus primeros años Jeff Bezos pecaba de sincero y les decía a sus inversores que le iba a costar regresarles el capital. Eso se debía a que Bezos no confiaba en que fuera a crecer tanto. Si en 1997 hubieras invertido mil dólares en la tienda *online* más grande del mundo, hoy tendrías 2.3 millones de dólares.

Todo esto me lleva a decirte que **si quieres que se invierta en tu negocio entregues números sinceros y promesas reales.** Puede que tu proyecto resulte fructífero como el de Amazon o puede que tu sinceridad, similar a la de Bezos, te permita obtener una liquidez con la que te sientas seguro y motivado.

No te asocies con conocidos; sale mal

La cantidad de veces que he escuchado sobre parejas que comienzan a emprender y terminan divorciados, endeudados y con el corazón roto…

Una sociedad desafortunada puede acabar con familias enteras. Mi consejo es que busques socios entre las personas que no conoces. Esta es tu empresa, así que clávate en leer currículums y en entender cómo opera la mente empresarial de quien podría ser tu socio.

No invites a tu compadre, comadre, suegra, hermano, vecino ni mejor amigo. Con ellos puedes compartir un *hobby*. Por la empresa se trabaja con un lado de ti que no siempre será el más cortés, amigable ni políticamente correcto.

Soluciona un problema

Ya sé, ya sé. Ya repetí esto muchas veces, pero es porque suele ser constante escuchar a alguien que tiene otra gran idea de negocio que es idéntica a lo que ya existe. También es común enterarse de algún emprendimiento que no resuelve problemas, ni reales ni percibidos.

A mi parecer, si no estás solucionando un problema es como si quisieras cocinar sin comensales o sin hambre. ¿De qué te va a servir ese platillo? Antes pregunta quién quiere comer y a qué es alérgico. O, en otras palabras, **haz un estudio de mercado y define a tu cliente ideal.**

Después de un ratote de plática, Esteban se despide. Tiene algo de urgencia, pues olvidó que tenía una junta. Le sonrío y lo veo partir. Me quedo sentado dos minutos más, repasando en mi cabeza todo lo que dialogamos. También pienso en los chicos que me mostraron su proyecto y en los ingredientes que les falta para poder efectuar la receta del emprendimiento. ¿Te imaginas qué lleva?

Muchos huevos

Espero que este libro resulte útil para ti. Ese es mi deseo. Uno de los aprendizajes que quiero que te lleves es definitivamente este: **que coraje se escribe con H y esa H, que no es muda, es la misma letra con la que se escribe «huevos».**

Emprender con coraje significa emprender con huevos, con ganas, con decisión y mucha seguridad. Vamos a subirle tantito a tu nivel de colesterol. Para hacerlo necesitas ser un poco, tan solo un poco, inconsciente.

Con huevos obtienes las agallas de decirle adiós a lo seguro; te comprometes a casarte con tu emprendimiento; adquieres la disposición para volver tu empresa una realidad.

Tener muchos huevos significa que te vas a clavar de lleno en tu proyecto. Cortarás con tu vida social, dejarás de frecuentar a una que otra amistad y vas a cambiar la rutina.

Suena drástico, ¿verdad? Por eso necesitas ser inconsciente. Este ingrediente es el que necesitamos para transitar, ciegamente, hacia nuestras metas. No me refiero a ponerte una venda sobre los ojos y correr como si no hubiera un mañana. Claro que no.

Cuando logras tu sueño de ser emprendedor, te das cuenta de una realidad: que ser emprendedor te quita el sueño cada noche.

Ser inconsciente es conocer los riesgos, pero igual atreverse gracias al peso de tu propia intuición. **Cuando en unos años pienses y recapacites sobre lo que hiciste, te vas a percatar de que, muy probablemente, no volverías a hacerlo.** Vas a darte cuenta de que había muchas banderas rojas, de que el fracaso te pisaba los talones, de que subiste la montaña sin una cuerda de seguridad. A esa inconsciencia me refiero, a la que te hace estar a años luz de los demás.

Emprender es tomar decisiones. Es, a veces, darte en la torre a ti mismo y comerte tus palabras. Yo dije que solo me iba a tomar un año sabático, que no dejaría mi adicción a la hotelería. Mírame, llevo más de quince años jugando a ser empresario.

- Tuve muchos huevos cuando prometía conferencistas sin la certeza plena de que iban a funcionar.
- Fui muy inconsciente cuando recluté conferencistas uno por uno. Recorría dos veces a la semana los hoteles en los cuales se estaba llevando a cabo alguna conferencia y, sin tapujos, hablaba directamente con los *speakers*. Les contaba quién era y cuál era mi propuesta.

Con estos dos ingredientes emprendí. Cuatro o cinco años después tuve la fortuna de que los conferencistas fueran los que me buscaban a mí. Finalmente tenía la plataforma que me había propuesto desde que renuncié a mi cargo. Aquella plataforma sencilla y simple que conjugaba las mejores características de empresas extranjeras de *speakers*.

Pero hubo algo más que le estuve agregando a mi receta durante todos esos años... Algo de lo que no había sido consciente. Es ese algo que remarco cuando hablo con otro emprendedor y le aconsejo que convierta su empresa en algo memorable. ***Es su diferenciador.***

El de nosotros, el de mi empresa, es que ofrecemos algo que no se toca y que no tiene un valor específico: un intangible invaluable. Ofrecemos confianza a nuestros clientes y a nuestros proveedores. Este detalle crucial está inserto en nuestro *core* y en nuestra esencia.

Métete al ADN

Gracias a mi «malformación» hotelera pude imprimirle a mi empresa la garantía de que, con nosotros, se obtiene un trato de confianza. Durante décadas me dediqué a conocer pasajeros en líneas aéreas, a colaborar en las empresas, a tratar con huéspedes, comensales, asistentes en eventos.

Gracias a esta formación / malformación pude comprender dos mundos: el del cliente y el del proveedor. Entendí que ambos siempre tienen la razón. Siempre. **Nos buscan porque tenemos algo que solo nosotros poseemos y que ellos necesitan.** Qué mejor manera de entregárselos que con un *excelente servicio*.

En primera instancia yo no me di cuenta de que la confianza era algo que estaba inserto en mi ADN como emprendedor y empresario. Estaba acostumbrado a trabajar de esa manera. Los diferentes escenarios laborales donde me había desarrollado me lo exigían. Si estás de frente 24/7 con huéspedes, viajeros y asistentes, ¿cómo les vas a dar un mal servicio?

Cuando mi empresa empezó a operar a finales de 2005 logramos vender, en ese primer año, 56 conferencias. Una por semana. Lo escribo y todavía sonrío. Fue una meta dorada que se materializaba para mí y mi equipo.

Después de varios años, cuando los clientes y proveedores, a quienes ya habíamos atendido, regresaban, me sorprendía y me llenaba de gusto. Muchos de los *speakers* me ofrecían una mayor comisión que la que pactaban con otras personas. Muchos le eran fiel a nuestra empresa y preferían trabajar con nosotros. Nos lo expresaban.

Yo estaba tan acostumbrado a trabajar de determinada manera que no me daba cuenta de que ese era nuestro sello. Ese era uno de los elementos más importantes de nuestro ADN.

Mi consejo es que revises cómo estás solucionando un problema y que, aparte, ahondes en tus cómos. Estas son las características que te volverán memorable; que harán que los clientes regresen a ti; que propiciarán que te lluevan recomendaciones.

Te doy mi ejemplo:

- *¿Qué problema soluciona el buró de speakers?*
  La comercialización organizada de conferencias.
- *¿Cómo lo hacemos?*
  Entregando un excelente servicio al cliente y al proveedor. Garantizamos la satisfacción de sus necesidades.

Haz el ejercicio. Detecta qué compone tu ADN. **Si te gusta, mejóralo. Si te enamora, replícalo.**

En el próximo capítulo te voy a narrar algunos ejemplos que resaltan la versatilidad y diversión de la vida de los emprendedores. La mayor lección que me llevo cuando analizo las aventuras que he vivido en esta montaña rusa es que sin huevos ni inconsciencia no nacen empresas memorables, fructíferas y trascendentales. Súbele al colesterol.

CLIENTES Y CAMISAS

Cada lugar tiene su aroma en específico. A mí me gusta mucho el de las librerías. Me encanta ese olor a libro nuevo, a imprenta. A veces puede colarse un tono de café o alguna bebida fría. Tal vez un baguette. Pero los libros son protagonistas. Te envuelve el olor a tinta, y a páginas y páginas por descubrir.

Fue en este lugar donde me topé con Elisa por casualidad. Ella buscaba, con algo de ansiedad, entre las hileras de libros. Vi que deambuló por novedades, saltó a la literatura clásica y se detuvo un buen rato frente a la lista de los libros más vendidos.

Me intrigó su comportamiento, porque más que parecer que estaba buscando su próxima gran novela para devorar, daba la impresión de que investigaba. Por eso no aguanté preguntarle si buscabas algo en específico.

Le dio algo de risa mi interés. Me miró como quien mira a uno de los dependientes de la tienda y parece decirle con el rostro que no necesita ni la más mínima pizca de ayuda. Pero en vez de tratarme como a algún empleado, me sonrío y me dijo que le gustaba venir a las librerías y ver qué estaba en tendencia, así como cuáles eran los libros que la gente más buscaba.

—Hay algo que me desespera —me explicó—, y es que no encuentro un libro que cambie por completo el paradigma o que resalte de entre todos... Mira, para la literatura juvenil casi siempre se trata de magia y romance. Para los más grandes, suelen ser temas históricos, o de política, o muchas veces hasta de ángeles. ¿Cuándo será el día que veamos que, a los que pasan de setenta años, les interesan los cómics?

Me gustó su energía.

—¿A qué te dedicas? —le pregunté y se rio un poco antes de contestarme.

Fue una risa nerviosa. No creí que Elisa pasara de los treinta años. Se notó que no trabajaba en una oficina, porque su vestimenta no era formal ni mostraba algún logo de una empresa o institución. Aparte, para la hora que era, si ella hubiera sido empleada de alguien, lo más probable es que hubiera estado dentro de un lugar frente a una computadora revisando números o cuentas.

Pero Elisa está muy casual con sus tenis blancos, su pantalón de mezclilla y una playera de The Strokes dando vueltas dentro de una librería en un centro comercial. No me atrevo a adivinar en qué trabaja.

—Precisamente me dedico a escribir —me dice—. Le ayudo a las personas a ponerle palabras a sus pensamientos y a transmitir sus mensajes. Es lo que se conoce como escritura fantasma.

Me lleva solo unos segundos asimilarlo. Había escuchado de los escritores fantasma antes.

—¿Y qué has publicado?

A ella le lleva más segundos contestar. Primero opta por emitir un «mmm» largo. Supongo que ya le ha sucedido muchas veces que le cuestionan esto, porque su respuesta, después de la reflexión actuada, me parece de cajón:

—Por asuntos de confidencialidad, no te lo puedo decir.

Su respuesta y la frase ya conocida, «si te lo dijera tendría que matarte», me parecen bastante similares.

—Qué bueno que te conocí, porque precisamente estoy escribiendo mi primer libro.
—¡Felicidades!

Le emociona mucho escuchar esto y ahora la que parece que quiere hacer un interrogatorio al estilo FBI es ella. Y ahí, entre los libros de medicina alternativa y la sección infantil, comenzamos a platicar de nuestras experiencias de escritura y de vida.

Le divierte mucho escuchar cómo un «señor» de mi edad se convirtió en el Míster al incursionar en el IPADE después de su medio siglo de vida. Y me hace una pregunta especial:

—Oye, ¿cómo es lidiar con tus clientes? Porque yo suelo trabajar con muchas figuras públicas o conferencistas y sé que tienen un estilo particular. Todos son muy diferentes, extrovertidos y saben exponer lo que quieren. A mí me parece retador, ¿a ti no? ¿Cómo trabajas con este tipo de personas?

Tomo aire antes de contestarle. Es una pregunta que me han hecho muchas veces y, cada vez que la contesto, encuentro más y más particularidades que hacen que me guste más a lo que me dedico.

A mí me toca ir por los conferencistas. A veces hasta viajo con ellos. Me corresponde empaparme de su entorno. Estoy a su lado en el avión, en el auto y también justo antes de empezar el evento. Yo sé que la conferencia puede durar tan solo una hora, pero yo me tiro veinte con ellos.

Lo hago así porque de esta manera me puedo dar cuenta de quién es genuino, quién es auténtico, y quién no lo es. También me percato de cuál conferencista muestra congruencia con lo que dice y lo que, de verdad, sucede en su vida. Es gracias a esta cercanía y convivencia que aprovecho para pulir mi servicio, mi trato y mi selección de conferencistas.

En estos años extensos y fructíferos de trabajo, me he percatado de que hay una línea muy delgada de respeto entre el *speaker* y la agencia. Muchas veces esta se rompe durante los viajes. Uno de mis grandes aprendizajes ha sido detectar cuándo tengo que hacerme a un lado para que el cliente conviva con el *speaker*.

Después de todo, en nuestro buró somos proveedores. Somos el puente de conexión. Ya sé que hay un momento en el que me tengo que retirar para que el *speaker* haga lo suyo.

En un inicio mi trabajo era muy intenso por la relación que llevaba con los conferencistas. De hecho, hubo ocasiones en las que algunos de ellos me dijeron: «Luis, ¿te encargo que me planchen mis camisas?».

—¿En serio? Elisa se ríe cuando escucha esto y me menciona que algo similar le ocurre con lo que ella hace. Es tanta la cercanía que desarrolla con una persona a la que está conociendo por motivos laborales, que se da otro tipo de relación: uno más amistoso y personal.

—Y también ha habido ocasiones en las que los conferencistas me han puesto los pelos de punta con sus peticiones.

—Creo que lo más padre de emprender es que cada día es diferente —me dice Elisa tras escucharme.

—Estoy de acuerdo contigo. Ya estamos en el mismo canal.

Al parecer ella no tiene horarios. Cada cafetería o lugar cómodo e inspirador que se encuentra se convierte en su oficina. Me comenta que escoge cuáles proyectos quiere desarrollar y cuáles sencillamente no.

Le pregunto por qué a su edad decidió emprender y por qué lo hace en solitario. Ya veía venir su respuesta...

—Es algo que se dio. Fue sin querer, sin planearlo.

Se encoge de hombros y me sonríe. Se nota tranquila con lo que hace, y también muy emocionada. La vida la ha traído hasta esto y le ha gustado. No se imagina en una oficina, no le gusta lidiar con que alguien más que le diga qué hacer y, sobre todo, es feliz de saber que se está dedicando a lo que más le apasiona.

—¿Y qué planes tienes para el futuro? ¿Qué puedes hacer con todo este *expertise* que ya has forjado en el mundo editorial?

Su sonrisa y su estilo relajado se desvanecen. Se queda trabada. Voltea a ver los demás libros y me contesta que le gustaría escribir para ella.

—Ese creo que es el sueño dorado para muchos, ¿no? Pero entiendo que es un proyecto orquestado a largo plazo. Por ahora estoy contenta con lo que hago. Y, siendo muy honesta, nunca me he preguntado qué puedo hacer para expandirlo.

Le diré algo de emprendedor a emprendedora, y lo mismo te digo a ti: tienes que buscar que tu proyecto sea escalable. Si no, va a llegar un momento en el que el proyecto te va a quedar demasiado chico y te vas a encontrar con que no has asentado todas las bases para poder hacer que crezca.

Tanto Elisa como tú tienen que hacer algo desde hoy, y no lo expreso con un sentido de urgencia, sino con uno de protección.

—¿Sabes cuál es mi consejo? —le pregunto.

Permanece viéndome. Está a la expectativa de que le conteste. Parece que hasta se detuvieron el tiempo y el leve correr del aire a nuestro alrededor.

—Mi consejo es el siguiente...

Tamalízate

Aunque Elisa sea una profesional de las letras, mi conjugación verbal definitivamente la dejó con el ojo cuadrado. Me río un poco de ver su expresión.

—A lo que me refiero con «tamalízate» es a que te diversifiques.

Todos los emprendedores tenemos que hacerlo. Analiza cómo las grandes compañías han tenido que buscar la diversidad.

Debes ver tu proyecto como una mesa. Si estás pensando en el diseño de una que solo se mantiene en pie por medio de una pata, no estás pensando como emprendedor. Si esta única pata cruje y se rompe, toda la mesa se caerá. Sin embargo, puedes pensar en una mesa de cuatro patas (o hasta más) y no quiere decir que todos los puntos de apoyo tengan que ser del mismo material.

Todos los emprendedores tenemos que diversificarnos. Es algo de lo que me di cuenta muy pronto con mi negocio de conferencistas. Así fue como, un día, se nos ocurrió la idea de emprender con la tamalera María Candelaria.

Este es un producto que me gusta mucho por su logística. Los tamales se hacen en Cuernavaca. Desde allá son transportados hasta la Ciudad de México. Aquí se distribuyen y venden en nuestras sucursales. Hemos llegado a tener hasta cinco simultáneamente.

¿Es pesado tener tiendas de tamales? ¿Es demandante? ¿Exige más que buscar *speakers* y clientes? El mundo de los tamales es otro planeta inserto en otra galaxia, una muy lejana a la constelación de las conferencias, créeme. Pero por alguna especie de cinturón asteroidal, tienen algunas conexiones.

Tener un negocio significa atenderlo y mejorarlo. Debes innovar. No importa si vendes sabor o saliva. Cada empresa necesita organización y energía.

Los problemas de María Candelaria son diferentes a los de Speakers México. En los dos me llevo sorpresas (algunas pequeñas, otras estratosféricas), pero son parte del *show*. Puedo decir que la crisis es parte de este borlote. Incluso algunos problemas tienen su nivel de absurdidad que le agrega frescura a la rutina.

Tamalízate, diversifícate. Nosotros decidimos que no todo se trataba de vender saliva; también debíamos vender sabor.

Diversificar tu negocio te ayuda a que no dependas exclusivamente de una idea de emprendimiento. La diversificación es una técnica de capitalización extra. Te sirve para obtener más liquidez. Puedes invertir ese nuevo excedente en otro de los proyectos bajo tu empresa paraguas.

- Diversificarte te ayuda a convertirte en un emprendedor más funcional e integral.
- Te enseña de otros rubros y te obliga a la innovación constante.

En mi caso, el ejemplo de María Candelaria fue un salto hacia atrás con tres volteretas y ojos cerrados. Caímos en una casilla del juego del emprendedor que definitivamente no era en la que teníamos más experiencia. Nosotros sabíamos de conferencias y eventos, no de paladares exigentes.

Pero nos encantó la oportunidad. La adoptamos y nos encariñamos con ella. Quisimos que funcionara y en eso nos clavamos. Las ventajas del negocio eran muchas y evidentes. Una de tantas era que la comida es algo que siempre se puede vender. Encima, el porcentaje de ganancia es bastante atractivo.

—Piensa, ¿tú cómo podrías diversificar tu negocio editorial? —le pregunto a Elisa.

Emite otro de sus «mmm» mientras ve el techo.

—Podría tratarse de una imprenta, porque no me veo incursionando en algo tan diferente a lo que ya estoy acostumbrada. O, bueno…
—¿Qué? ¿Qué se te ocurre?
—Siempre me han gustado mucho los sándwiches.
—¿Y tú los harías o en qué estás pensando?
Se cubre la boca para no reírse a carcajadas.
—Se me quema hasta el agua. Mejor pensemos en otra cosa.
—Si estás pensando en diversificarte, no debe ser algo estrictamente alejado de tu rubro.

Le cuento de otro caso en el que diversificamos el negocio sin correr tan lejos del núcleo. Sucedió en el año 2018. Nos cayó una nueva crisis en el sector del turismo de negocios. La raíz del problema fue que, a partir de dicho año, las empresas cerraron las puertas, frenaron todo y dejaron de gastar en productos como publicidad, donaciones, capacitación, eventos y convenciones.

No me canso de mencionarlo. Nosotros somos siempre de los primeros a quienes les quitan el negocio y muchas veces los últimos a los que van a llamar para volver a levantar las cortinas. En mi rubro, sabemos que estamos en el primero y, al mismo tiempo, en el último lugar.

Cuando esta crisis de 2018 comenzó, tuvimos que reinventarnos. Nos dimos cuenta de que, si queríamos volver a alcanzar el volumen con el que contábamos meses atrás, teníamos que entrarle a otro sector llamado Speakers Económicos.

¿Cómo es este sector? Sencillo. Me estoy refiriendo a conferencistas que quieren exponer, tienen mucha experiencia y son muy buenos... pero sus costos no son altos. Son los *speakers* ideales para las empresas que tienen muchas ganas de contratar a alguien... pero no les alcanza.

Antes de ese año, nosotros no teníamos en nuestro catálogo a un tipo específico de *speakers* para empresas con presupuestos ajustados. Y vaya que habíamos recibido llamadas de personas interesadas, pero que nos decían que su tope de gasto era de dos mil dólares. A lo mucho.

Los *speakers* económicos eran la mejor opción (por no decir LA opción) para estas empresas. Con esta idea en la cabeza nos lanzamos a armar un catálogo y creamos Speakers Central. Esta fue una agencia completamente disruptiva. Para su funcionamiento ideamos una plataforma *online* en la que se mostraban las diferentes opciones de conferencistas. Ninguno de ellos cobraba más de 50 o 60 mil pesos por evento.

Encontramos otro autobús vacío, un mercado listo para ser satisfecho, y con esta jugada de diversificación surfeamos la caótica ola de 2018. Quizás nos faltaron negocios grandes, pero nos sobraron los pequeños.

¿Qué eres capaz de hacer?

Uno de los grandes *insights* que he tenido a lo largo del camino del emprendimiento es que:

- si de verdad te apasiona lo que estás haciendo...
- le ves futuro...
- es escalable...
- y satisface una necesidad...
- ¡No lo sueltes!

Puedes tener la sensación de congelamiento, de que no estás avanzando ni una pulgada. Puede que te estés cuestionando muchísimo si vale la pena tu esfuerzo, tus días invertidos en algo que parece no dar frutos.

Si te estás cuestionando mucho si esto es lo que tienes que hacer o la siguiente gran misión de tu vida, hazte un par de preguntas:

¿Mi idea de negocios es poderosa y funcional?
¿Me veo haciendo esto durante una buena
parte de mi vida?

Si estás leyendo este libro, lo más probable es que respondiste sí dos veces sin pensarlo. Entonces, dale. Apuéstale a tu idea, a tu negocio, a tu «bebé».

Te cuento una pequeña anécdota de dos jóvenes universitarios. Entre los dos no hacían uno. No podían pagar su renta. Eran *roomies* y vivían en uno de los lugares más caros de Estados Unidos, San Francisco.

Estudiaban diseño y no tenían más dólares para solventar sus gastos, así que decidieron comprar unos colchones inflables y hacer un anuncio casual. Ofrecieron la renta parcial de su departamento por solo unos pocos días. Es decir, tendrían un *roomie* extra solo por un fin de semana y le cobrarían más barato que un hotel. También le ofrecieron al posible huésped un desayuno. Armaron su oferta a la onda b&b, el famoso *bed and breakfast* que se usa mucho en los viajes de mochileros.

Con su genial idea, ese mes los dos amigos pudieron pagar la renta. Se dieron cuenta de que estaban sentados sobre una posible mina de oro. ¡Manos a la obra! Desarrollaron su idea con mucha creatividad y cariño. O eso dicen ellos.

Si esta historia ya te está sonando algo familiar es porque te estoy contando el inicio de una de las *startups* que más financiamiento ha recibido en todo el mundo. Me estoy refiriendo a Airbnb.

Pero no fue tan fácil llegar a la plataforma web que conocemos hoy. De hecho, no fue sencillo conseguir capital en una primera ronda de inversión, ni en una segunda o tercera.

Lo que estos amigos tuvieron que hacer fue emprender de forma creativa. Para conseguir dinero decidieron diseñar unas cajas de cereal decoradas con caricaturas divertidas. Armaron sus paquetes y los enviaron a varios periodistas. Ofrecieron este producto inicial (que nada tiene que ver con huéspedes y alojamiento) en 40 dólares por caja.

Era una caja de cereal con un costo elevado, pero se justificaba por ser artesanal, *cool* y creativa. Con este empuje consiguieron treinta mil dólares que le inyectaron, íntegros, a su negocio.

Para no hacer el cuento tan largo, seis años después de que Airbnb nació, consiguieron una de sus inversiones más grandes: 475 millones de dólares. Y este no fue el único levantamiento de capital millonario. Hubo muchos, muchos más.

En el tercer trimestre de 2021 Airbnb ingresó 2,230 millones de dólares. Hago esta relación de números para que veas que los chavos fundadores de Airbnb no le metieron enormes cantidades de dinero, pero sí muchísimos huevos, coraje y pasión.

De ellos también aprendemos que siempre es indispensable escuchar al consumidor. Aunque tus números reflejen que todo está funcionando, revisa cuál es la opinión del cliente final.

En sus primeros años, los fundadores se dieron cuenta de que una de las razones que frenaba a los posibles usuarios de contratar alojamiento con Airbnb era la desconfianza. Les causaba inseguridad quedarse en casa de un desconocido.

Uno de los fundadores decidió alojarse durante un par de meses en diferentes departamentos y casas de la red de anfitriones de Airbnb. En todos los casos convivió con ellos y compartió el lugar. De esa travesía obtuvo momentos inolvidables, mejor conocimiento de lo que vivían los usuarios y la experiencia real del servicio que ofrecen en su empresa.

Entonces, regresemos a esas preguntas que debes formularte para que sigas, con pasión, en tu emprendimiento…

¿Qué eres capaz de hacer para demostrarte que confías al cien por ciento en lo que estás haciendo?

Si tú como emprendedor no tienes confianza, si la mayor parte del tiempo no tienes ganas de meterle a tu proyecto, posiblemente debes revisar qué provoca la desmotivación.

Créeme que cuando quieres que tu barco se mantenga flotando y sin filtraciones harás de todo. Vas a salvar tu embarcación porque es tuya y de nadie más. Porque te motiva y te apasiona.

En momentos de crisis le apostarás a vender sándwiches, a pensar en una versión más económica de tu servicio, a comprar colchones inflables y a vivir en carne propia las experiencias de tus clientes.

El espíritu de rescate fue el que nos inundó cuando creamos Speakers Central. No lo hubiéramos hecho si 2018 no nos hubiera pegado con todo, pero nosotros queríamos seguir saboreando la rebanada de nuestro pastel.

Para que te des una idea, según datos de la Secretaría de Turismo, en ese año hubo cerca de 90 mil eventos y convenciones de más de una noche de duración y con más de cincuenta asistentes. De esos 90 mil, 22 mil al año incluían un orador contratado.

Es decir que en ese entonces teníamos más de 22 mil oportunidades de concretar un negocio. ¡No podíamos cerrarnos las puertas solo por el margen de precios! Speakers Central satisfizo esa necesidad de nuestros clientes.

Nosotros hemos roto el récord de 380 conferencias en un solo año. Como lo lees y tan bonito como se escucha: más de una conferencia al día. En 2018 facturamos, al tipo de cambio de entonces, más de dos millones de dólares con una estructura bastante plana. Éramos solo cuatro personas desde que abrimos el negocio.

Uno de los aspectos que más aplaudo de nuestro proyecto de emprendimiento es que lo hemos hecho muy autónomo. Consecuentemente, tenemos *speakers* que son fieles en extremo a nuestra marca. Ellos y nuestros clientes satisfechos son nuestros motores para que nunca bajemos el nivel de servicio que ofrecemos en Speakers México. En 2021 llegamos a 3,300 conferencias vendidas y contamos con 500 conferenciantes en nuestro buró.

—Y no hubiéramos alcanzado estos números sin diversificación.

—Ya quiero leer tu libro —me comenta Elisa, feliz—. Y pensar que todo esto lo hiciste por querer jugar al emprendedor y tomarte un año sabático.

Conoce un poco de mí porque, entre libros y novedades de literatura, ya le conté una buena parte de mi historia.

—Yo solo quería un año sabático y van muchos más de diez.

—¡Me da envidia de la buena! Por cierto, también van más de diez maravillosos consejos que me has regalado sobre emprender.

Y para seguir con este juego matemático, a la par van casi diez ingredientes de la receta del emprendimiento:

* Huevos
* Inconsciencia
* Pasión
* Investigación
* Experiencia
* Sal
* Liderazgo
* Ingrediente secreto
* Esfuerzo

Todo se lee muy bien. Puede que ya hasta se te haya antojado emprender. ¿Pero qué pasa cuando no tienes cocina ni estufa?

Capítulo 6

EL DÍA QUE EL MUNDO SE DETUVO

El otro día vi a un niño con la frente pegada en un mostrador. Su mamá estaba comprando un perfume y él veía con atención el frasquito con granos de café que usan para «despejar» la nariz de los clientes.

Me hubiera sido imposible adivinar su edad, pero él solito me la reveló.

—Soy Daniel y tengo seis años.

Los niños son geniales. Comparten lo que de verdad quieren compartir y no les aterran las interacciones sociales.

Yo también buscaba un perfume. Sabía perfectamente cuál quería, entonces no me detuve a oler una gran variedad, como su mamá.

—¿También quieres oler bien? —me preguntó.

—¡Claro! ¿Quién no?

—Mi mamá dice que yo no necesito perfume, porque siempre huelo bien —me confesó.

—Estoy seguro de que tu mamá tiene razón.

—¿Y por qué compraste ese de cajita gris? —quiso saber Daniel.

—Ya lo conozco, es mi favorito.

—¿Y cómo sabes que no puede gustarte otro?

Me arreglé el cabello mientras lo medité. Era una muy buena pregunta.

—Bueno, no sé. Este es el que he usado por muchos años y ya me identifico con él.

—¿Y si un día ya no lo vendieran? —insistió él.

Estaba por decirle que eso era imposible, que las cosas no pueden cambiar de un día a otro. Pero cambié de parecer. Le sonreí y le dije que era momento de irme.

—Voy a pensar mucho en lo que me preguntaste, Daniel. Me abriste los ojos.

Dicen que hay cosas que solo pasan una vez y espero que la fase de 2020 sea una de ellas. Nadie imaginaba que un virus a nivel global podía detenernos casi por completo. Sonaba a tema de novela, ¿verdad? Bueno, hasta supongo que sabes sobre la obra *La peste* de Albert Camus cuyo tema central es una epidemia global.

En marzo de 2020 las rutinas se pusieron de cabeza. La pandemia ocasionada por el covid-19 nos golpeó duro a todos.

Sentí como si fuera manejando en la autopista, en un coche bonito, limpiecito, divino. Iba a 150 kilómetros por hora en piloto automático. Padrísimo, relajante, sin ningún tropiezo. Pero, de un segundo a otro, desapareció la carretera y no hubo forma de frenar ni de evitar estrellarnos. El caos.

Eso le pasó a nuestro mercado. El 95 por ciento de nuestras ventas se debía a conferencias presenciales. Estas actividades se cancelaron. Se cayó el turismo de negocios y de convenciones. **Nosotros pasamos de vender una media de 25 conferencias al mes, a vender en total solo dos —¡solo dos!— durante abril, mayo, junio y julio de 2020. Nos fuimos todavía más abajo que números rojos.**

En un año normal, el mes de marzo es el mejor de entre los otros once. Es el que tiene los signos de pesos y de dólares por todas partes. En este mes concretamos del 35 al 40 por ciento de las ganancias anuales.

Que haya tantos eventos en marzo quiere decir que los tenemos que planificar desde diciembre y enero. También significa que en febrero debemos liquidar todo. Sin tanto esfuerzo y planeación no hay conferencias. Aunque el evento dure un par de horas, ya lo sabrás, las preparaciones son largas y necesarias.

Así que visualiza la escena: habíamos pagado todo y estábamos esperando a llevar a cabo los eventos para recibir nuestras ganancias, pero ¡oh, sorpresa!, a mediados de marzo nos avisaron que bajáramos todas las cortinas. El mundo debía detenerse.

¿Qué te digo? ¿O cómo lo digo para que no me duela tanto? Nos estrellamos en la carretera, chocamos de frente contra la pandemia. **Ya había pagado las 42 conferencias de marzo… pero a mí nadie me había pagado.**

Fue cabrón entender lo que estábamos viviendo, pero al mismo tiempo el teléfono no dejaba de sonar ni el reloj de marcar la hora. La única opción era continuar.

Regresa conmigo a la analogía del viaje en carretera. ¿Ya estás ahí? Estamos justo después del choque. Luego de ver que el coche todavía podía moverse, pensé (o quise pensar) que lo que había llamado el final era un simple bache. Estaba equivocado.

El oasis

Ya conoces el poder de la mente humana. Cuidado con creer algo con todas tus fuerzas porque empiezas a ver las cosas como no son. Eso me pasó a mí. Confié en que saldríamos de la pandemia con mucha velocidad. Vaya, hasta me convencí de que podía pasar en piloto automático.

Bastaba con tomar con fuerza el volante y redirigir nuestro rumbo. Me convencí hasta de que esto era una simple ilusión óptica y nada más. Sígueme acompañando en esta alegoría. Creí que veía una realidad temporal, una epidemia de apenas pocas semanas. Lo que estaba apreciando y construyendo para mí mismo era un espejismo. Auch, cómo duele.

Hay oasis reales, pero son muy escasos en todo el mundo. Donde sí hay muchísimos es en nuestra mente. Ahí sí es tierra fértil para estos pequeños imperios acuíferos. Pues bien, yo me dibujé un oasis. Lo coloreé y toda la cosa, porque de verdad quería que se volviera realidad.

Bauticé al oasis y tuvo muchísimos nombres:

- «Esto se va a acabar el próximo mes».
- «Solo van a ser unas semanitas».
- «Vamos a salir de esta».

Me pregunto si tus oasis y espejismos se habrán llamado como los míos...

Esta invención personalísima estaba muy, muy lejos de convertirse en algo verdadero. **Es muy común en casos de crisis, ya sea mediana, crónica o extrema, que nos inventemos escenarios en los que el problema no existe.**

Sucede cuando no queremos que algo se termine, cuando no podemos afrontar la circunstancia, cuando estamos tan cansados que cualquier imprevisto nos tumba anímicamente.

No quería aceptar la gravedad del asunto. No atendí el coche estrellado, pues era claro que eso no era un bache. La carretera se había destruido por completo. La solución más fácil era bajarnos del auto, coger lo más importante y echarnos a caminar. Quizás llevar una que otra herramienta para instaurar una nueva vereda.

No había proyectos en los próximos cinco, seis ni siete meses. Ningún pronóstico era prometedor. Ninguno nos indicaba que el mundo se descongelaría y todo sería como antes.

Si eres dueño de un negocio, si eres emprendedor o si tu trabajo se tambaleó por la crisis, estoy muy seguro de que me comprendes. La pandemia fue un evento traumático en muchos niveles. A nosotros nos pegó en el rubro laboral.

Si tenías una fuerza laboral, también me entenderás. Temimos por ellos, sus salarios y su familia. No éramos responsables por completo de lo que estaba sucediendo, pero sí fuimos partícipes. **Esa es una de las variadas responsabilidades de ser líder o capitán. Tienes que tomar las decisiones más difíciles, las más cabronas.**

Una de las preguntas que más me robaba el sueño era cómo los iba a mantener. Como mencioné antes, me descapitalicé en febrero con la esperanza de recuperar esa cantidad con las ganancias en marzo. Parte del dinero que invertí antes de las conferencias había salido de mi bolsillo. Otro «auch» en esta historia. También tenía que ver por mi familia. ¿Ves por qué digo que fue más allá de traumático?

En ese tiempo otro de mis espejismos era la fantasía de prender la televisión y escuchar el típico: «interrumpimos la transmisión de este programa para una noticia especial...». ¡Sí, ojalá hubieran hallado la cura o la forma de que regresáramos a lo que alguna vez fuimos!

Espejismos, tan solo espejismos.

Lo que de verdad sí había en mi vida era una deuda acumulada y muchas, muchas ganas de trabajar. El 29 de abril parecía que el oasis iba a cobrar vida e irrumpiría para nuestro bienestar. Nos dijeron que esa era la fecha para que todo se solucionara.

¡Ni de chiste! La serie de noticias con las que nos bombardearon en esa temporada fue un sube y baja emocional, ¿te acuerdas? Una semana nos decían que sí, otra que no, otra que quizás, en la siguiente que «ahí para la próxima, joven».

Entonces nos hartamos. Antes de que nos volvieran a dar una instrucción sacada de un libro de ciencia ficción, muchos recordamos que vivimos en un país libre y que teníamos bastantes opciones.

Lo siguiente fue que vimos desaparecer a nuestro coche al estilo Avengers y que empezamos a caminar hacia otra dirección. Lo consecuente fue dejar de chillar por lo que no regresaría y optar por cambiar hábitos, rutinas y estilo de vida.

La fe mueve, pero no alimenta

En mayo, en una fecha cercana a mi cumpleaños, acudió a mí una frase que mi papá solía decirme:

«Si la esperanza fuera lo primero en morir,
tendrías dinero».

Te invito a que pienses un rato en estas palabras. Son contundentes, tal vez hasta lastiman un poco. Pero son muy reales.

¿A cuántos no nos han vendido la idea de que es mejor ser hombres y mujeres de fe? La frase más popular y conocida es que la esperanza es lo último en morir, ¿cierto? Y es una expresión que nos hace aferrarnos a espejismos y oasis.

Quizás si la esperanza fuera lo primero que se va podríamos ver cualquier escenario y panorama con más claridad. Posiblemente yo me hubiera dado cuenta de que el estado de nuestro coche era de pérdida total.

Si la esperanza no fuera parte del kit del emprendedor, podríamos ver con más atención lo que está sucediendo en la pantalla grande. Así nuestro yo racional, tácito y diagnóstico le echaría todos los kilos (y huevos) para que no cometamos errores.

Sin embargo, no se trata de ser extremistas e ideológicos. La esperanza es también necesaria. Sin ella no creeríamos que somos excelentes para aquello que nos apasiona; no podríamos elevar nuestras ideas a proyectos.

Somos humanos en la medida que mantenemos la esperanza. Si no, ¿cómo crees que ganan algunos equipos de futbol?

¡Mantén la fe! Pero no la mantengas moribunda, ni la arrastres. Si tu esperanza te está clavando a un lugar en el que no vas a crecer, es momento de desecharla por completo. **Consíguete otra definición de fe, porque esta tiene que inspirarte a la acción hacia la mejora, no a un largo suspiro por algo que no puede ser.**

Si no funciona, es hora de quitarlo de tu tablero. Es hora de borrarlo de tu plan y quiero remarcar la palabra «tu», porque esa esperanza e idea futura es exclusivamente tuya. Nadie la comparte. Tú la inventaste y la inflaste con intereses y propósitos. En un gran porcentaje de estas ocasiones, es una ilusión desconectada del contexto real.

Recuérdalo, si la esperanza fuera lo primero en morir, todos tendríamos dinero. Así que la esperanza es como el miedo. Actúa a pesar de ellos, pero no te quedes impávido.

¿Recuerdas que repasamos los ingredientes de la receta del éxito? ¿Y también te acuerdas que te pregunté qué se puede hacer si no tienes ni estufa ni cocina? Ahí es donde entra la esperanza. Este sentimiento te convierte en una persona «luchona», como suelen decir, en alguien que busca respuestas.

¡Cuántas veces no he visto chavos con proyectos increíbles que no tienen los medios, pero arman un plan de negocios tan analítico y eficaz que convencen a cualquiera de invertirles!

Ojo, cuando hablamos de inversiones, todos los inversionistas saben que se les van a regresar sus pesos y unos centavos más, por lo menos. Si estás en una situación privilegiada en la que alguien que confía en ti puede otorgarte esta cantidad, no le digas que es tu inversionista (y mucho menos tu socio). Explícale que es un donativo.

Si en el futuro puedes devolverle lo que te donó, excelente. Mientras tanto, ubicar esta cantidad como una donación te otorga paz mental.

Esa es una situación en la que no necesitaremos esperanza para pagar esa cuenta, ¿lo notas? En ese caso ni siquiera tuvimos que pensar en prender una velita. Al menos no para esa cantidad.

En el camino puede parecer que el miedo y la esperanza son antónimos. Lo más preciso es aclarar que pueden ser dos caras de la misma moneda, la de la suposición. Una es una expectativa positiva; la otra, negativa. Tienes que cargar con esta moneda, no hay de otra. Solo no la avientes para que defina tu siguiente paso.

- Del miedo nace la planeación analítica y el conocimiento.
- De la esperanza nace la paciencia y la tolerancia.

Aunque estos valores pueden considerarse como herramientas del emprendedor, hay uno que tiene una valencia más alta: un diagnóstico claro elaborado con una mente objetiva. Uf, chulada. Nada es mejor para alguien que quiere incubar su idea que datos verídicos y comprobables.

Por cierto, ¿qué distingue una idea de un proyecto? ¿Se parecen? ¿Uno es la evolución del otro? ¡Tín, tín, tín!

Mira, todos tienen ideas. Absolutamente todos. El ejemplo más claro puedes escucharlo en las calles. Son esas personas que creen que sus chilaquiles son los mejores del mundo, que el tamal de piña es el favorito de cualquier ciudadano (¿a poco no lo es?), que suponen que lo que ellos hacen nadie lo hace mejor.

Las ideas están cargadas de fe y de ignorancia. Solemos vivir en ese mundo ideático. Ya lo dijo Tears for Fears: *Everbody wants to rule the world*.

Excelente, esa es una idea; ¿cómo la conviertes en un proyecto?

Es forzoso que nuestras pretensiones pasen por una incubadora, un examen exhaustivo de posibilidad y el filtro de un par de mentes creativas.

Cuando nuestra idea ya se parezca a un negocio en forma, cuando tenga números y fechas, ¡felicidades!, es un proyecto. Te encuentras a escasos metros de saltar del *bungee*. ¿Lo lograrás?

Tambien lo dice Tears for Fears: *Nothing ever lasts forever*.

Tu proyecto tiene fecha de caducidad. Esta se relaciona con las necesidades del mercado. Si no te apuras y tu emprendimiento deja de resolver un problema, *sayonara*. Tendrás que encontrar otra idea, incubarla y gestarla. Más vale actuar, aunque no todo sea perfecto.

Ni el miedo ni la esperanza te dan de comer. Tu proyecto, sin acción ni tiempo suficiente para florecer, tampoco. De aquí nace mi insistencia en que tu emprendimiento sea:

- Algo que nace de tu pasión, porque si no dejarás de echarle colesterol.
- Algo escalable, porque luego te va a quedar pequeñito.
- Algo con propósito; si el dinero es lo único que te mueve, no llegarás a las grandes ligas. El dinero es un resultado de tu disciplina empresarial, no tu meta.
- Algo funcional y necesario.

Dicho todo esto, podemos agregar a la esperanza en nuestra receta para el emprendimiento, pero a sabiendas de que no nos consigue clientes ni nos otorga estabilidad en el negocio. La esperanza simula una promesa de las segundas oportunidades. **Pero la fe sin inteligencia solo nos adoctrina a aguantar cualquier golpe.**

Te doy un ejemplo. Cuando nosotros comenzamos con los tamales intentamos varias modalidades antes de darle al clavo. Primero los queríamos comercializar dentro de centros comerciales. Les agregamos una porción interesante de proteína y los acomodamos en los mostradores.

¿Sabes cuántos vendimos? Muy pocos.

Antes de quedarnos con esperanza pagando un local comercial, preferimos reajustar la ruta. Redujimos la cantidad del contenido y los vendimos a proveedores. Esa era la solución que necesitábamos. Nos ahorramos la publicidad para el cliente final y un proceso más largo de cocción.

Con esperanza decidimos que sí queríamos vender tamales, pero con investigación encontramos una mejor forma de hacerlo. El número de ventas se fue para el cielo. Después la estrategia volvió a cambiar, pero ya te hablaré de eso...

Regresemos a la frase sabia de mi padre, a la fecha cercana a mi cumpleaños que me obligó a replantearme lo que teníamos que hacer. Me dije: «A ver, Luis, olvídate de lo que va a suceder en julio, agosto, septiembre o hasta el próximo año. No esperes más».

Y en una tronada de dedos les di en la torre a los espejismos y los oasis. Lo siguiente era detectar cuáles eran los factores que sí podíamos controlar y capitalizar. Necesitamos ajustar nuestra forma de pensar y romper la caja en la que llevábamos metidos varios años. No se trataba de una mala caja, pero no convivía con el mundo pandémico.

¿Tú cómo viviste el covid? ¿Cómo lo sentiste? ¿Encontraste llantas nuevas para tu coche o de plano aprendiste a andar en bici?

Sé que esta situación llevó a muchos a probar cosas que antes ni podían pronunciar. Algo innegable es que teníamos una enorme variedad de distracciones y responsabilidades que nos mantenían, precisamente, dentro de las rutinas de siempre y del confort de lo conocido.

Para muchos la pandemia fue el mejor momento para controlar por completo sus ingresos y sus finanzas. Les dio la oportunidad de innovar con su manera de ganar dinero. **La pandemia dio a luz a muchos emprendedores.** Me alegro de que muchos de ellos no piensen abandonar su nuevo estatus. Ya que saltas del *bungee*, te vuelves adicto a la adrenalina.

Con V de VUCA

Otro punto que quiero tocar es el de las crisis. Atrás quedaron esas empresas que no incluían esta palabra en su vocabulario o que no tenían un área o departamento para hacerse cargo de lo que pudiera salir mal.

Si ya eres emprendedor, sabes que a diario hay algo que no sirve como se esperaba. Ojalá se tratara de solo una cosa… Son muchísimas. Atención, si son más las que no sirven que las que sí, entonces tienes un error o problema en tu planificación.

Los tropiezos y los baches vienen en el menú. Junto con pegado, no hay otra forma de verlo. Es un hecho que hoy muchas empresas se encuentran en un ambiente nombrado VUCA, ¿te suena?

Volatility, Uncertainty, Complexity and Ambiguity (VUCA).

El concepto se formó en los Estados Unidos durante la década de los noventa para describir el ambiente generado tras la Guerra Fría.

Volatibilidad, incertidumbre, complejidad y ambigüedad. Suena a la receta del caos, ¿verdad? Puede llegar a serlo, solo necesita un empujón, pero justo reconocer este ambiente nos ayuda a prevenir el chispazo.

Revisemos un caso reciente de una empresa alemana que vive en un entorno VUCA. Se llama Allianz Global Investors y estoy muy seguro de que los conoces. Recientemente la Comisión de Bolsa y Valores de Estados Unidos los multó por mil millones de dólares y les prohibió, parcialmente, trabajar en el país por los próximos diez años.

¿A qué se debe este golpazo?

Bueno, Allianz no lo sabía (incertidumbre) pero tres de sus gestores financieros planearon una estrategia fraudulenta (ambigüedad) para quedarse con 11 mil millones de dólares de fondos de retiro para clérigos, conductores de autobuses y maestros, entre otros. Aparte, cobraron 500 millones de dólares por las comisiones de estos movimientos.

El fraude comenzó a orquestarse desde 2016. En 2020, debido a la pandemia y los movimientos económicos que causó (volatilidad) fue imposible esconder el agujero y la carencia de dinero. El fraude millonario se descubrió y la empresa tiene que pagar los platos rotos (complejidad). Aparte de la multa y el veto, se comprometieron a dar 5 mil millones de dólares en compensación para las víctimas.

Auch.

Allianz estaba en un ambiente VUCA. Es el idóneo para que todo aquello que pueda salir mal salga mal.

Aunque ilustré un caso complejo y con resultados devastadores, piensa que las consecuencias se relacionan con el tamaño de la empresa.

Hoy vivimos en un ambiente VUCA porque la conectividad entre países ha borrado límites. Tanto tendencias como prejuicios se propagan con rapidez, y hay un sinfín de factores a considerar que antes no se tomaban en cuenta.

Todo se ha vuelto más complejo y ambiguo. El entorno es incierto y volátil. Pero percibiremos el entorno de esta manera hasta que nos acoplemos al nuevo ritmo y lo amaestremos. Afortunadamente son muchas las empresas que nos han demostrado que pueden hacerlo.

Si estás pensando en un negocio virtual, te tengo dos noticias. Como dicen por ahí, una buena y una mala. La buena es que cuentas con muchas herramientas para contrarrestar el entorno VUCA, sobre todo si lo que vendes es un servicio. Puedes blindarte y reducir tu operación, pero con mejor puntería y así ganar más.

La mala es que estás en un entorno más volátil debido a que todavía no se legisla al cien por ciento, a que la competencia está a un clic de distancia y a que la atención con tus clientes debe ser más estricta, bajo la comprensión de que no son siempre los más fieles.

Sí o sí, tu negocio debe ser digital. Piensa en un híbrido o un negocio completamente en la nube, pero atrás quedaron los días en los que solo aparecías en las páginas amarillas.

Lo más fructífero de conocer el entorno VUCA es que aprendes que todo debe arreglarse en el presente. El largo plazo ni existe. Ahora sí que como decía Janis Joplin: *Tomorrow never happens.*

Es una paradoja de tiempo, algo así como entrar a un agujero negro, porque, ahí te va…

Saberte en un entorno VUCA te obliga a pensar cómo resolver algo que no ha sucedido (perdón, Janis) sabiendo que puede suceder, y esperando que no suceda.

No es trabalenguas, ¿eh?

Tienes que adoptar un *mindset* en el que conoces el peor escenario para poder resolverlo, porque en el mañana no lo vas a poder hacer. Sería algo tarde.

Cuando nosotros analizamos las posibilidades de nuestra empresa, detectamos dos panoramas:

- **Uno negativo:**
  Nos encontramos en un mundo que no comprendemos y que se está volviendo muy complejo. Todavía no sabemos en qué invertir nuestros recursos, tiempo y energía.
- **Uno positivo:**
  (Y cuando me acuerdo de este hasta se me pone la piel chinita).

  Es en el que aprendíamos que **en el mundo empresarial nada es sagrado.** Todos los dogmas, paradigmas y estructuras tienen que ser analizados con lupa periódicamente.

  En este escenario positivo podíamos mantenernos firmes y flexibles si aprendíamos a apegarnos a nuestra esencia.

Nada es total ni absoluto. Vemos el panorama según nuestro contexto y en el momento de la pandemia (se me vuelve a poner la piel chinita) emergieron dos grandes valores humanos que también distinguen a mi equipo de trabajo: la empatía y la confianza en que sabemos cuidarnos.

Nos casamos con el escenario positivo. Decidimos elaborar una nueva carretera y no cansarnos de escarbar para que tuviera cimientos sólidos.

Cuando te pierdas y no tengas señales, construye una brújula personal. En esta el escenario positivo y el negativo tienen que marcar los lados opuestos. El sentido y tu propósito serán la aguja que te marcará cuál es la verdadera meta.

No es necesario ahondar por páginas y páginas en este aspecto. Sé que, a esta altura del libro, entiendes a la perfección a lo que me refiero con propósito y sentido.

Hemos hablado de la receta del éxito en el emprendimiento. Sabemos que se necesita pasión, huevos y coraje. Estos son ingredientes que no se obtienen solo con cursar una licenciatura ni con haber estado en una incubadora.

El propósito y el sentido son otros dos ingredientes que nos enseña la vida. Están en nosotros si escuchamos nuestra voz interior y los usamos como piezas clave de nuestra brújula.

En cuanto te ubiques en tu mapa, obtendrás confianza y te podrás desplazar. Entonces será el momento de que apliques una estrategia para mantener al ambiente VUCA bajo control. Créeme, el propósito de hacer un cambio en tu *mindset*, de evaluar con precisión la balanza, es que confíes en ti.

Ahora te voy a contar qué medidas usamos nosotros para resolver nuestro problemón generado por pandemia.

Espero que algunas de nuestras técnicas te sean útiles. A nosotros nos salvaron el pellejo.

Aplicamos lo siguiente:

- Cuchillito de palo.
- Tirar los barriles de whisky.
- Transformarlo todo.
- Sin acaparar.

Sé que pueden confundirte los nombres, pero no te agobies. Te explicaré cada uno.

Cuchillito de palo

«Como cuchillito de palo», ¿cuándo usamos esta expresión? Cuando queremos referirnos a ese aferrado que logró su propósito de a poquito; cuando hablamos del insistente que pudo alcanzar sus metas, aunque no tenía todas las herramientas; cuando nos referimos a ese molesto que no se cansa de dar lata.

Me encanta esta expresión porque está muy inserta en nuestro campo cultural y porque su connotación es tan negativa como positiva. Si alguien que es considerado cuchillito de palo está enfocado en lo que le apasiona, aplaudo su valentía. Se necesitan muchos, muchos huevos para no cansarse ni rendirse.

Como equipo decidimos que debíamos volvernos insistentes con nosotros mismos. A mi equipo le dije en una reunión que tuvimos que era momento de convertirnos en ese cuchillito de palo, que no dejaríamos de darle y darle hasta, por fin, hallar el camino.

Nos convencimos de...

- No hacer una lluvia de ideas, sino una tormenta.
- No presentar diez soluciones, sino cien.
- No dedicarle ocho horas, llegaríamos a diez.

¿Qué pretendíamos romper con nuestro cuchillito? La crisis, la confusión y el caos. Si tronábamos la carátula de todo aquello, íbamos a ver el fondo y las respuestas. **Todos los escenarios negativos tienen un punto de quiebre. Solo tronándolos puedes impedir que te sigan cegando.**

Después de meses de escuchar los peores pronósticos, ya estábamos hartos. Era momento de que nosotros escribiéramos nuestros guiones y narrativas.

Nos comprometimos a actuar con la mentalidad de cuchillito de palo en todos los pasos que siguieran. Siendo fieles a nuestra promesa, saltamos al siguiente paso.

Antes de explicártelo quiero ser tajante y claro en este punto. Como líder, tienes que convencer a tu equipo de que se ponga la camiseta. No se trata de jalarlos o arrastrarlos hacia lo que tú consideras que es mejor. Más que una playera, nosotros nos colgamos un cuchillito de palo casi como talismán y así, uniformados, fuimos capaces de aplicar el siguiente paso de nuestra estrategia de reconstrucción.

Tirar los barriles de whisky

No solo lo dice Marie Kondo; lo más probable es que también lo escuchaste de tu abuelita: si no tiras lo viejo, lo superficial, lo accesorio, ¿cómo dejarás que entre lo nuevo?

Tirar los barriles de whisky se refiere a deshacerte de eso que no te está funcionando. Nosotros hicimos un análisis severo de nuestras empresas y, *jackpot*, nos dimos cuenta de que había una empresa paraguas, llamada Grupo Lava, que se había convertido en un boquete en el barco. Por ahí se colaba el agua y Grupo Lava no vendía nada.

Si la seguíamos manteniendo, íbamos a ahogar nuestro navío. *Back to basics*, nos deshicimos de este grupo y nos quedamos con lo indispensable.

- ¿Qué cuestiones están distrayendo a tus clientes y les impiden llegar a ti?
- ¿Qué sobra en tu operación?

Está en tus manos analizarlo y limar esas imperfecciones. En nuestro análisis también nos percatamos de que las personas me conocían como Luis Valls, pero no como el fundador de Speakers México. Si formábamos la asociación mental de mi nombre con la empresa haríamos que más personas nos vieran. Un *rebranding* era necesario.

Potenciamos la empresa. Les pusimos todos los puntos a las íes y buscamos que yo fuera promovido como figura de autoridad y *founder* de la empresa. Para cumplir con la meta comencé a aparecer en diferentes *webinars*. Nuestra idea fue que las personas me vieran y se dieran cuenta de que sí estábamos chambeando.

Como mente y corazón de tu emprendimiento es tu responsabilidad que tus clientes y mercado sepan que estás latiendo, que estás vivo.

Otro gigante barril de whisky que dejamos ir por la borda fue Speaker Central, la agencia que habíamos creado para albergar a los conferencistas más económicos. Se convirtió en un elemento de distracción y confusión. Buscábamos que nuestros clientes pudieran enfocarse en nuestra esencia y oferta.

A ver, a ver, a ver, en este punto quizás te cuestiones cómo tiramos el whisky sin antes beber. ¿No valía la pena, por lo menos, armarnos unos tragos? Es cierto que despejar tu borda repercute en tu bolsillo. Sí, nosotros nos deshicimos de operaciones y empresas que nos costaron dinero. Sin embargo, se convirtieron en pasivos. Sabrás que lo que menos deseamos es la acumulación de estos, ¿cierto?

Aunque en algún momento fueron una inversión, en ese contexto nos quitaban más de lo que nos daban. Tal vez no ganamos un dinero extra con desechar este whisky, pero sí ganamos más atención de nuestros clientes.

Nuestra estrategia de despeje nos daba el espacio para fortalecer a la empresa que sobreviviría la catástrofe. Nos quedamos con Speakers México. Y nada más.

Sin tantos barriles pudimos navegar con ligereza, austeridad y mucho más enfoque.

Atención, esta técnica no es solo eficaz para una crisis. Lo que te recomiendo es que busques siempre de los siempres que tu borda esté libre, que te puedas desplazar con libertad en ella.

No acumules barriles de whisky, porque te restarán velocidad. **En tus primeros años lo que más necesitas es que tu mercado meta entienda al cien por ciento qué ofreces y qué necesidad resuelves.** No los confundas. No te hundas.

Capítulo 7

TODO SE TRANSFORMA

Ya lo dijo Jorge Drexler:

Cada uno da lo que recibe y luego recibe lo que da.
Nada es más simple, no hay otra norma:
nada se pierde, todo se transforma.

Mercedes Sosa usó otras palabras para expresar la misma idea: todo cambia.

Tantos cambios y transformaciones van en línea con los contextos, con los signos de los tiempos. Uno de los debates más candentes en la cultura popular actual es si el reggaetón debería ser considerado música o no. Muchos lo encuentran aberrante. Otros, demasiado pegajoso. Dos hechos son innegables: el reggaetón vende y también gana premios.

Es el mismo debate que tuvieron siglos atrás los conocedores y expertos cuando escucharon a personajes que hoy consideramos grandes nombres de la música clásica.

Dependiendo del contexto, el conocimiento y las necesidades de la época, todo debe transformarse si lo que se busca es la permanencia.

El reggaetón no sería lo que es hoy sin su ámbito digital: el *autotune*, los efectos sonoros… vaya, los estudios de hoy distan muchísimo de los del pasado. Es una genialidad.

Pues la misma regla debería aplicar para cualquier negocio que se autodenomine del siglo XXI. El mercado se digitalizó, ¿por qué no habrían de hacerlo todas las empresas?

Chequemos fechas de nacimiento de *fintechs*. Así nos daremos cuenta de que esta ola digital ya nos había avisado, desde hace más de dos décadas, que estaba por estallar en nuestra costa:

- TripAdvisor, el mayor sitio web de recomendaciones turísticas, nació en el año 2000.
- PayPal, el referente número uno de pagos y cobros electrónicos sin intermediarios, vio la luz en 1998.
- Amazon, el rey por antonomasia del *ecommerce*, empezó a vender libros en 1995.
- eBay, el mayor sitio de subastas y compras, comenzó a mandar antigüedades en 1995.

Vaya, los primeros celulares no son los *smartphones*. La tecnología se mueve con el tiempo y es penoso que, en ocasiones, el tiempo nos arrastre.

En 2020, en plena pandemia, nosotros levantamos la cabeza. Habíamos estado revisando nuestra agenda durante muchos años y no nos habíamos dado cuenta de que la letanía de Mercedes Sosa ya pesaba sobre nosotros. Todo había cambiado. El mercado ya era digital.

¿Qué hicimos? Lo que nos pareció más sensato y eficaz: **tomamos otra de nuestras empresas que estaban bajo la compañía paraguas y analizamos cómo podía satisfacer una necesidad de nuestros clientes.**

Con la virtualidad y el quédate en casa, las personas comenzaron a buscar *webinars* y conferencias virtuales. Nosotros ya teníamos una empresa llamada Wemoose. Nos dedicábamos a hacer cursos. Empezamos ese proyecto unos años antes de que el mundo se detuviera.

Weemose tenía toda la infraestructura para convertirse en un sitio web de cursos, talleres, *webinars* y conferencias.

Metimos la empresa, tal cual estaba, en una incubadora con magna aceleración de partículas y, sin pensarlo ni dos veces, presionamos el botón de arranque. Pudimos lanzar Wemoose en tiempo récord.

Decidimos que una de las dos oficinas se convertiría en el estudio de grabación profesional. ¡Y semáforo rojo! Aunque la decisión estaba tomada, no había dinero para ejecutar.

¿Te acuerdas de que te comenté que habíamos presionado el botón de aceleración? Pues, de nuevo, sin perder el tiempo en pensarlo extensamente, aplicamos un tarjetazo. Con ese dinero compramos cámaras y otros materiales necesarios. Me sorprendió el resultado. Quedó sensacional.

Nuestra adaptación al ecosistema digital fue consecuente gracias a las instalaciones y el espacio de Wemoose.

Esta empresa fue un gran soporte y, casi de inmediato, pudimos ver la cantidad de variantes que dicho proyecto presentaba. Eran muchísimas. Una de ellas era uno de los sueños de Pedro, mi socio. Nació Puly Films. Desde que Pedro llegó a trabajar con nosotros hablaba sobre aquella idea, pero no se concretaba. Eso sí, le prometimos que lo haríamos. Buscaríamos la forma y el momento.

Ambas nos encontraron antes a nosotros.

Lo más curioso de este evento es que ahora yo soy socio de Pedro y no al revés. Él está a la cabeza con Puly Films.

Existen historias lamentables de empresas que no supieron cuándo debían de transformarse.

- Blockbuster no le atinó a comprender que su negocio de renta de películas y videojuegos iba en picada. Tuvo todo el capital y el talento para saltar al ámbito digital y comerle el mandado a Netflix, pero se apegó a que su modelo tradicional seguiría vigente un par de décadas más.

- Nextel no comprendió el impacto de los *smartphones*. Presenció el advenimiento de estas joyitas, pero creyó que era suficiente con su marca y su tecnología. Hoy muchos chavos ni saben cómo eran las letras ni los colores de esta empresa. ¿Eran rojas? Tuvieron un pésimo manejo de crisis.

- Kodak inventó la primera cámara digital, pero no quiso lanzarla al mercado porque, precisamente, terminaría con su negocio principal: el papel fotográfico. Sabemos qué sucedió años más tarde. Alguien más inventó lo que ellos guardaban celosamente y se les acabó el negocio de la impresión. Se han transformado para seguir de pie, pero no son lo que alguna vez fueron.

Como emprendedores nos toca aprender de todos estos ejemplos. A la par, debemos escuchar historias exitosas. Todo nos enseña, todo nos transforma.

¿Cuántas de tus ideas puedes transformar o cambiar para que se adecuen al contexto global, nacional, regional y local? Te lo dejo de tarea.

Estatequieto: no acapares

Todos conocemos la historia de Fulanito, que se parece mucho a la de Zutanito. Era un personajazo, un *crack*, según él, para casi todos los temas. Fulanito o Zutanito, ya olvidé cuál porque ambos se parecen mucho, podía diseñar, crear, negociar y calcular.

Como creía que todo lo podía hacer, todo lo quería hacer. El error de esta persona es que no se daba cuenta de que solo no lo iba a lograr. Era imposible que pudiera. Como dicen por ahí los alpinistas, nadie llega en soledad a la cima.

Como te imaginarás, la historia de Fulanito o Zutanito acaba donde empezó: en ningún lugar fijo; fueron simples planes que no alcanzó por querer acapararlo todo.

La mayoría hemos sido ese Zutanito o Fulanito en alguna ocasión. Todos. Creemos que podemos hacer cualquier tarea. **Tal vez la peor creencia es que nadie puede hacer determinada acción como nosotros, lo cual es real, pero no significa que tú seas el mejor.** Cada uno tenemos nuestro estilo.

Lo hemos visto en el mundo de los deportes, y también en el de los emprendedores. Cuando a alguien se le mete en la cabeza que es el único capaz de parar, meter y planear goles, pum, qué tragedia. Casi siempre termina solo y en la banca.

Nuestra tercera estrategia fue olvidar por completo al Fulanito y no acaparar. Así de sencillo. Para lograrlo, nos obligamos a hacer algo totalmente opuesto a los deseos de controlarlo todo por completo. Ideamos cómo asociarnos con alguien más.

Si Fulanito y Zutanito se cruzan, y si se percatan de para qué es bueno el otro, si se asocian, ¡listo! Tenemos un súper combo, un equipo de verdad.

Buscamos precisamente eso.

Tú conoces tu negocio a la perfección. Piensa con quién te puedes asociar y por qué. ¿Dicha asociación te otorgará comisiones más bajas? ¿Entre más personas surgirán mejores ideas? ¿Se intercambiarán puntos de venta, insumos o habilidades que requiere el otro?

En las grandes ligas son muchas las empresas que buscan la asociación para enriquecerse. Ojo, no menciono la palabra enriquecimiento solo en un nivel monetario, sino en uno más profundo. A veces es reconocimiento, visualización, reputación o efectividad.

El gigante del *streaming* Netflix buscó asociarse con otro monstruo para resolver un problema económico. Buscó a Microsoft para que fuera su socio en tecnología y publicidad. De esta forma puede ofrecer un paquete más barato para sus suscriptores, pues está perdiendo clientes debido a la gran oferta de servicios de *streaming* que actualmente existe.

Tras caídas, baches y pérdidas, Netflix le está apostando a la asociación. No son los primeros ni los últimos que han hecho esto. Algunas empresas grandes se asocian para sobrevivir, pero no lo consiguen. Otras se transforman.

Es decir que la asociación, por sí sola, no es la solución. Debe ser considerada dentro del paquete de salvación como otra estrategia.

Antes de asociarte, ponte las pilas e investiga todo lo que puedas de Fulanito o Zutanito. Algunas asociaciones son como una especie de matrimonio en el que se adopta el apellido del otro. Estas son las más complicadas y con las que se debe ser más cuidadoso. Otras son como una especie de cosa pasajera, una relación libre, flexible y respetuosa.

Métele un estatequieto a las ganas de acaparar todo lo de tu empresa y busca eso que tú necesitas que ya existe y se encuentra disperso por otros lados. Es mejor generar sinergia de esta forma y no tener una gran construcción sobre una inestable y única base.

Hoy a Puly Films le va de maravilla. Si se resbala por algo, podemos hacerle frente. Nuestra asociación nos protege. Soy socio minoritario de Pedro, y esa fue su idea. Tenemos así un proveedor de servicio sólido y que entiende por completo nuestras necesidades... y viceversa.

Cuando dejas de acaparar, permites que los talentos de otros entren en tu campo de visión. **Se convierten en más elementos dentro de tu mapa.** Aparte, es la mejor manera de obtener más ganancias, tranquilidad y paz mental. Ya sabes lo que dice ese famoso refrán: «el que mucho abarca poco aprieta».

Con esta suma de estrategias —cuchillito de palo, tirar los barriles de whisky, transformar, no acaparar— pasamos las múltiples pruebas que se nos presentaron. Creo que hablo por todo mi equipo cuando digo que salimos fortalecidos de la experiencia y con muchas más ganas de seguir innovando.

Con respecto a esta mentalidad poderosísima de cambio, transformación e innovación, hay un grupo de personas que son auténticos maestros en el tema. Te los voy a presentar.

El niño que quería venderle a sus papás

Me gusta mucho ir a exposiciones y exhibiciones, sobre todo cuando traen la intención de ser disruptivas. Analizo la organización, la infraestructura, la logística. Es increíble. Muchas de estas dichosas expos se han llevado mis suspiros.

Me invitaron a una enfocada en la creatividad, la lógica, la robótica y la programación. Asistí muy feliz, sin saber que mi guía del día iba a medir un poco más que la mitad de mi altura. Se llamaba Javier y era un niño de once años.

—Hola, Luis —me saludó la persona que me invitó.

Era Lizzy, de cuarenta años, dueña de una empresa de ciberseguridad.

Estaba por saludarla de vuelta, cuando Javier se adelantó.

—Hola, yo soy Javier, ¿quieres ver nuestro *stand*?

Me quedé sorprendido con su iniciativa. El niño tenía una especie de robot en una mano y una manzana mordida en la otra.

—Hola, Javier. Claro, enséñamelo.

Lizzy se cubrió la boca para no carcajearse y siguió a la improvisada comitiva que ideó Javier. Fue concreto:

—Ese es el nombre de la empresa —me dijo señalando el letrero que colgaba en el *stand*—. La fundaron mis papás y luego yo les voy a vender tecnología y también tendré mi empresa.

—Una acción muy inteligente, Javi.

El niño me sonrió.

—¿Quieres ver más *stands*?

Justo en ese momento llegaron varias personas y Lizzy me hizo un gesto para pedirme tiempo. Javi la jaló de la mano y le dijo algo al oído.

—Claro, si Luis quiere, lo puedes llevar a conocer otros lugares.

Todos estuvimos de acuerdo y comencé una pequeña excursión para ver la expo a través de los ojos de un niño. Me mostraba aquellas empresas dedicadas a temas lúdicos y educativos. Le gustaban mucho. Las podía relacionar con un sinfín de videojuegos que conocía. Me dijo que de eso iba a ser su primera empresa.

—Ah, ¿sí? ¿Vas a tener muchas empresas, Javi?

—Sí, Luis —me contestó muy formal—. Con la tecnología se pueden hacer muchas cosas, ¿verdad? Es muy divertido.

—¿Y entonces le vas a vender videojuegos a la empresa de tus papás?

—No, les voy a vender una tecnología de reconocimiento facial.

Me quedé con la boca abierta. Este niño estaba muy adelantado a su edad.

—Pero ellos también me van a vender algo. Su sistema de protección web. Ya ves que a eso se dedican.

Y me volví a sorprender. Lo que Javier proponía era convertir a sus proveedores en sus clientes. No era un intercambio, porque cada acción de compraventa era independiente. **No suponía un acuerdo interconectado a su calidad de proveedores o de clientes.** Es decir, las dos empresas pueden cumplir ambos roles, pero son roles separables.

—Qué inteligente eres, Javi. Nuestra empresa hizo algo así un poco de tiempo atrás.
—¿Cómo? ¿Me platicas?
—Con gusto...

Cuando estábamos pasando por nuestra gran crisis, una vez que comenzamos a implementar la estrategia de salvación, nos preguntamos qué haríamos para ganar más dinero. Los meses estaban pasando y, a pesar de que no nos sentíamos en caída libre, sí estábamos en la cuerda floja.

Nos tocó hacer algo que algunos consideran fascinante y que a otros solo nos pierde: contar. Analizábamos con qué contábamos. El resultado fue que teníamos cierto capital humano llamado *speakers*, plumas o conferenciantes y ellos eran proveedores de nuestra empresa. ¿Pero nosotros qué les ofrecíamos? ¿Cómo los volvíamos clientes?

- Son proveedores porque nos dan sus conferencias.
- Se convierten en clientes en el punto en el que les podemos vender algo.

—¿Voy bien? ¿Me estoy explicando? —le pregunté a Javi.

—Sí, sí, ¿y entonces? ¿Lo lograron? ¿Qué les vendieron?

La curiosidad nata del niño era padrísima. Continué explicándole.

De ahí nació la idea de formar Krakatoa Digital. Esta empresa estaba enfocada en manejar redes sociales y generar páginas web para los *speakers*. Por la naturaleza de lo que comercializaríamos, decidí que en el equipo debía haber mentes jóvenes y sedientas de rompérsela con todo y en serio. En el grupo estamos Pedro, de Puly Films, Joss y más integrantes. Todos son *millennials* excepto Nadia y yo. Esto le da muchísimo equilibrio al equipo.

—¿Cómo los de *Kung Fu Panda*?

—¿Quiénes, Javi?

—Son un panda, una tigresa, una mantis y... ya no me acuerdo, pero son animales que hacen kung fu.

—¡Ah, ya! La película. Sí, ándale. Tenemos un equipo así de nutrido.

—Ustedes les venden redes sociales y páginas web, y ellos a ustedes, conferencias, ¿verdad?

Afirmé con mi cabeza. El joven genio sabía prestar atención.

Le expliqué que no conocía muy bien la película, pero que **cuando conjugas a diferentes personalidades y generaciones en un equipo, te corresponde percatarte de que la asociación funcione y de que cada uno se enfoque en lo que le toca.** Otra característica importante es la comunicación: saber explicar qué necesitamos y qué ofrecemos.

—Como un cuchillito de palo, Javi, no puedes dejar de preguntarte cómo le haces para crear más, para seguir manteniendo tu negocio.

Vi que se quedó pensando en lo que le dije del «cuchillito de palo». En esa frase sí pesaba la brecha generacional. Javi lo dejó pasar.

—¿Entonces tienes muchas empresas, Luis?
—Sí.
—¿Y todas son de gente que habla y para gente que habla?
—No... tengo una muy divertida. Vendo digitamales.

Javi hizo la misma cara de confusión que hice yo cuando me enteré de que un panda, una tigresa, una mantis y más animales practican kung fu.

Me reí un poquito y luego le expliqué que tenía un negocio de tamales al que, tiempo antes, había digitalizado. Se trata de Lindavista. Es una plataforma con cuatro sucursales digitales que reparte tamales por medio de una *app*.

—*Wow*, qué rico, a mí me gustan los tamales. Los verdes no tanto. Los rojos, más. Y los de piña son mis favoritos.
—¡Los míos también! Chócalas.

Me di cuenta de que a Javi le estaba dando hambre y le propuse regresar al *stand* con su mamá. El pequeño se sabía el camino de regreso de memoria. Seguramente en los días anteriores había estado deambulando de aquí para allá.

Nos cruzamos con una heladería y aprovechó para contarme cuál era su sabor favorito. No supe si me lo contó esporádicamente o si todo era un plan con maña para conseguir uno. Me recomendó el de chocolate. Tengo que admitir que el niño también tenía un gran paladar.

De regreso, Lizzy se divirtió de vernos como grandes amigos. Le dije, sin que Javi me escuchara, que su hijo era toda una joya. Inteligente, atento...

—Y jefecito —me dijo ella—. Míralo, seguro ya anda escribiendo uno de sus planes estratégicos.

Javi estaba sentado con las piernas cruzadas. El helado amenazaba con escurrírsele por la mano. Con la otra usaba un lápiz con rapidez. Me dio curiosidad qué escribía y, como alguien más estaba buscando a Lizzy, regresé con mi compañero del día.

Javi había hecho una especie de *to-do list*. Una de las actividades era «conseguir la receta del tamal de piña». Otra: «pedirle a mi abuelita que cocine». Me pareció que estaba planeando otra empresa. Mientras él escribía, yo terminaba con mi helado. Repito, el niño tenía buen paladar.

—Platícame qué es esto, Javi.

—Pues también se me antoja vender digitamales. Estoy escribiendo qué hacer. Mira, este es el paso uno. Luego este el dos...

La lista ya tenía como diez acciones. Me dio gusto que Javi no dejaba que se le escapara ni una idea. Ese es uno de los grandes beneficios de ser niño. El tiempo corre a otra velocidad y se percibe muy distinto. No tienen días saturados de actividades ni preocupaciones. Ellos se dedican a algo que muchos adultos hemos olvidado. Sin embargo, siempre podemos reaprenderlo.

Dedícate a tener tiempo

Si Javi fuera un adulto y socio de una empresa, quizás su puesto sería más estratégico que operativo. Él se dedicaría a pensar, a idear maneras de reducir costos, incrementar ventas, o cualquier tarea que se te ocurra.

Javi tendría que dedicarse a tener tiempo para hacer todo esto, pues, aunque los resultados son contundentes, solo se logran tras mucho tiempo de análisis y reflexión.

El puesto estratégico es vital en cualquier operación. Siguiendo la lógica de Pareto, el veinte por ciento del esfuerzo de una persona en un rol estratégico genera el ochenta por ciento de las actividades de los puestos operativos. 80/20. No podemos comenzar a ejecutar sin que alguien certifique cuáles son los pasos óptimos.

Yo agradezco profundamente haber contado con mi equipo para poder dedicarme a pensar en la reestructura de Speakers México. Ellos han sido mi sostén. A ellos les doy las gracias cuando pienso en la sobrevivencia de este negocio.

Mi equipo es la célula operativa. Yo soy la estratégica. Ante las crisis, debes tener un equilibrio, a la Pareto, de estos dos compuestos. No puedes hacer uno sin el otro y se necesita de una revisión constante para medir los logros del equipo.

Sobre todo, **en los primeros años de un negocio es muy difícil enfocarse en el área estratégica.** Se suele considerar que esto se hace en los pasos previos al arranque, lo cual es cierto, pero no significa que sea finito.

Piénsalo como en un partido de futbol. Si vas perdiendo, no sigues jugando hasta que te destruyan. Se pide un tiempo fuera, se reúne al equipo y los coaches (ese maravilloso veinte por ciento) indican qué se debe hacer.

Cuando un negocio comienza, se tropieza entre fechas de entrega, de pagos, de corte, de lo que se te ocurra. Ese es el gran riesgo, que lo estratégico lleva mucho tiempo y lo operativo no tanto. Sin embargo, el segundo no arranca sin la luz verde del primero.

Si ya era notorio que no todos teníamos mucho tiempo, esta realidad se acrecentó con la pandemia. De repente se rompieron las reglas y protocolos. A cualquier hora era momento de recibir llamadas, de atender problemas y de apagar fuegos. Se desdibujaron las horas que todos respetamos. Vaya, a raíz de este abuso en Portugal se lanzó y aprobó una iniciativa para poder demandar a los jefes que buscan a los empleados en horarios no laborales.

A pesar de que, supuestamente, teníamos más tiempo por la pandemia, muchos nos distrajimos y otros perdimos esas preciadas horas en temas menos relevantes. Claro está que el ánimo general también repercutió en nuestras ganas de hacer cosas.

A todos nos falta tiempo para tener tiempo; a todos nos faltan minutos para disfrutar de un helado de chocolate. Pero tiene solución. Tomemos el ejemplo de Javi. Lo que debemos hacer es decir: «con permiso, me marcho a hacer mis cosas». Luego tomamos papel y lápiz, y nos dedicamos a pensar en qué pasos vamos a seguir. O simplemente dibujamos digitamales.

Cuando miré por arriba del hombro de Javi para ver en qué se entretenía, eso hacía. A algunos les dibujó alas y otros los hizo como si fueran hologramas.

El punto es que siempre hay tiempo para todo si aprendemos a organizarnos. Pero nunca se nos va a ocurrir ser organizados si estamos hasta las cejas en las operaciones. Tenemos que salirnos de este ámbito. O como Fulanito, asociarnos con algún estratega genial.

Seamos menos adultos y dediquémonos a tener tiempo.

Come, emprende, duerme... y repite

Lizzy finalmente se desocupó y se sentó conmigo y con Javi. Fue astuta, vino preparada con un par de servilletas. El niño se ensució de chocolate. Ella me preguntó si me estaba gustando la expo y le contesté que sí, muchísimo. Le dije que había varios *stands* que quería visitar. La oferta de empresas era increíble.

—Sí, ya llevamos varios años viniendo. Creo que desde que estaba embarazada de Javi. Por eso te digo que este peque trae todo para ser un jefe.

—Un empresario, mamá —la corrigió. Luego volteó a verme a mí—. ¿Tú cómo te hiciste empresario, Luis? ¿Lo querías desde chiquito?

—Uh, no...

Elevé mi mirada al techo y pensé en contarle la versión breve. Mientras le di uno que otro detalle, Javi siguió escribiendo en su hoja. Supe que me escuchaba. Lo que no supe era si estaba tomando notas o algo similar.

—Si quieres ser empresario o emprendedor, y ya lo tienes definido, mi consejo es que seas constante y consistente. No hay de otra, Javi.

—¿Y qué es ser constante y... y la otra palabra?

Lizzy intervino. Ella sabe más de teorías pedagógicas y seguro fue más clara que yo. Le dijo que se trata de hacerlo todos los días, de esforzarse sin perder el enfoque, de prepararse, estudiar y estar al pendiente.

—¿Tú sabías que yo conocí a Luis cuando éramos estudiantes? —le preguntó ella.

Javi abrió sus ojos, grandísimos. No entendió la relación.

—Fuimos juntos en el IPADE. A Luis le apodamos el Míster.

—¿Por qué el Míster?

Yo le contesté:

—Era el más grande de la clase. No era tan joven como los demás.

Supe que, para Javi, que estudia solo con niños de su edad, esta era una enorme revelación. Le dije que entré a estudiar para ser mejor en mi tema y poder desempeñarme con más éxito como emprendedor.

—A eso se refiere tu mamá con que no debemos dejar de prepararnos. En resumen, emprender se trata de hacer todos los días básicamente lo mismo, pero con diferentes acciones y siempre con las mismas ganas y propósito. Ser emprendedor es una chamba 24/7.

—Sí, hijo. Es un despertarse, comer, emprender, dormir y repetir. Eso todos los días.

—¡Qué aburrido! —soltó Javi y los dos adultos nos reímos.

—No es tan aburrido como suena, créeme. También se trata de buscar la inspiración en todas partes y a todo rato. A mí hoy me inspiraste tú. Eres un niño inteligente, divertido y enfocado. Todo eso se necesita para emprender y ser empresario.

Luego de despedirme de Lizzy y de mi nuevo amigo, deambulé un rato por la expo. Me quedé pensando en las cualidades que vi en Javi y en que todo sería más fácil si desde muy jóvenes nos impulsaran a pensar con toda sinceridad a qué nos queremos dedicar. **Porque si le damos al blanco y encontramos eso que nos mueve como ninguna otra actividad, la repetición y la rutina no serán aburridas. Serán un ciclo de disfrute que nunca termina, y que siempre tiene sus aventuras.**

Así que aprovecho para compartirte una serie de frases que me encantan y me impulsan. Son enormes reflexiones de vida:

*La gente prefiere productos que tengan una historia
alrededor. Entre miles de opciones similares, nos fijamos
en las razones, los valores. Pregúntese, ¿por qué
mi producto debe importarle al mundo?*

SETH GODIN, TRIBES

Al final, lo importante es cómo te cuentas la historia.

ANDREW MASON, GROUPON

*Aprende de los errores y no dejes que nadie te diga
que no puedes hacer algo. Si ellos no pudieron,
es porque no tuvieron el coraje para lograrlo.*

PIERRE OMIDYAR, EBAY

*Mientras unos lloran, otros venden pañuelos.
Si quieres ver a todos contentos, olvídate de ser un líder;
mejor vende helados.*

STEVE JOBS

*Encuentra el socio adecuado: que tenga alta inteligencia,
alta energía y alta integridad.*

NAVAL RAVIKANT, ANGELLIST

Después de marcharme de la expo pensé en qué consejo
me podría dar hoy, a mis 63 años, aquel niño que alguna vez
fui… y es el siguiente:

*Sigue soñando y persigue tus fantasías. Sigue
creyendo que siempre hay una «señorita cometa»,
es decir, la mujer perfecta; un «Chivigón»,
el que resuelve todo; y un Kohei y un Takeshi,*

los amigos incondicionales que siempre estarán
para cuando seas mayor.

Emprender con actitud de niños es necesario para que las adversidades no nos tumben y para divertirnos al doble durante el proceso.

Capítulo 8

¿DÓNDE ESTÁ TU VALOR?

Emprender no es una habilidad que se hereda, pero sí se aprende. Es decir, si a tu alrededor, durante tu crecimiento, contaste con emprendedores que se convirtieron en tu ejemplo a seguir, *voilà*, lo más probable es que la vida godín no te llame. Todo lo contrario. Seguramente te harta, porque estás convencido de que hay otras formas de conseguir el éxito y la plenitud.

Tal vez pensarás que no tiene sentido trabajar para alguien más cuando tú solo lo puedes lograr. Ojo, esto no es completamente positivo ni completamente negativo. Hablaremos pronto sobre el intra emprendedor. **Me refiero a esa extraña mezcla de emprendedor y empleado. Sí existe y considero que deberían existir muchos más.**

En mi caso, hubo un par de emprendedores en mi panorama mientras crecía, pero tampoco demasiados. Me llamó la vereda de ser un excelente empleado dentro de una organización. ¡Y me encantó!

Casi a la misma edad en la que yo decidí estudiar la universidad, uno de mis sobrinos decidió emprender por vez primera. Es decir que su primer negocio sucedió cuando tenía diecisiete años. Te contaré más de su historia en breve. Antes vamos a reunirnos con él.

Lo busqué precisamente para poder escribir este capítulo, porque me di cuenta de que hay una emoción entre los emprendedores que puede tirar cualquier emprendimiento incluso antes de que llegue a su primer año de vida.

Gabo Carrillo es *coach* ontológico. Ha acompañado a cientos de personas a lo largo de estos diecisiete años de carrera. Hace cinco años decidió volver a emprender porque logró diseñar una metodología llamada El Método Watson, cuyo propósito primordial es conocer, entender y reconocer la vergüenza en uno mismo, su impacto en nuestra vida y a nivel social, así como darle a la gente herramientas, distinciones y técnicas para que se vuelvan resilientes delante de esta emoción. La misión de Gabo, como *coach*, es **que la narrativa de la vergüenza no nos domine. Por cierto, puedes encontrar más sobre el método y sobre Gabo en su cuenta de Instagram @elmetodowatson.**

Decidimos reunirnos por videollamada. Con tan solo ver su sonrisa sé que a mi sobrino le emociona esta conversación.

—¿Cuándo comenzaste a emprender?

—Uf, tío, ya tiene tiempo. Déjame pensar. Tenía diecisiete años cuando, entre un amigo y yo, compramos un sistema de luz y sonido, ¿te acuerdas? Lo llevábamos a las fiestas de nuestra generación cuando estudiábamos la preparatoria en el Tec... Estoy seguro de que te acuerdas. Me la vivía escapando de las reuniones familiares para llegar a tiempo a las fiestas. Luego tuve varios emprendimientos que no duraron más de un año. Tuve una revista digital enfocada en exponer aquellos emprendimientos mexicanos innovadores y de carácter social, la cual no funcionó como esperaba. Luego me certifiqué para enseñar un método americano de crecimiento personal llamado «Las 7 Mentalidades». Tampoco prosperó. También formé una AC junto con más de 50 amigos y conocidos sobre anti-*bullying* y un programa de voluntariado que tampoco duraron más de un año, ni lograron ser lo que soñaba que podían ser. Orgulloso puedo decirte que con El Método llevo ya casi cinco años emprendiendo, aunque no deja de ser un reto constante.

Puedo ver por la pantalla una que otra frase que decoran la pared de Gabo. Una es un letrero de luz neón que dice «Choose Light» (elegir luz) y otra es un cuadro con una frase de amor propio que es como su lema: «El amor propio no es un lugar al cual se llega, es un lugar del cual se parte». ¿Tendrán que ver con El Método Watson?

—¡Sí, ambas tienen que ver con mi proyecto! Porque el método busca desinternalizar la emoción de la vergüenza y justo este proceso nos abre la puerta hacia el amor propio y la dignidad…

—Pos ta' cabrón —le digo a Gabo.

Levanto la ceja mientras lo escucho. Necesito que me explique más. Busqué a mi sobrino para que me contara cómo **la vergüenza impacta en el camino del emprendimiento**. Después de escucharlo hablar fluidamente sobre el tema, juntos llegamos a varias conclusiones y revelaciones.

Primero, las emociones son brújulas que tienen como propósito darnos un mensaje y nos hacen un «llamado», es decir, buscan que hagamos algo al respecto. **La vergüenza surge para que nos percatemos de que hemos roto un estándar o un valor social. Esto nos hace creer o pensar que el Ser que somos no merece la conexión, el amor ni la pertenencia.**

Hay que aprender a descifrar las emociones para transitarlas. No son duraderas, sino todo lo contrario, su presencia es breve. El problema emerge cuando no aprendemos a transitarlas, cuando las dejamos de lado. Al no ser atendidas, las emociones gritan.

No te imagines un espasmo muscular o a la persona que siente vergüenza gritando sin control. Lo que sucederá es que la emoción desatendida comenzará a distorsionar más y más tu mirada y por ende tu percepción de la vida. Esta emoción «empañará» los lentes desde los que ves la vida.

—¿Para qué hacen esto? —le pregunté a Gabo.

—¡Para que te des cuenta de que está ahí y para que le pongas atención! —me respondió como si me estuviera revelando un secreto milenario.

Después de mucho tiempo de no hacerle caso, la vergüenza puede enraizarse en la persona y esto se refleja en su narrativa o diálogo interno y en sus comportamientos que parten de ahí. Esto acaba por convertirse en lo que todos pensaríamos que es su carácter o parte de su personalidad. Me detuve para preguntarle a Gabo algo que no me quedaba claro. ¿Por qué si todos la experimentamos, nadie habla de la vergüenza?

—Es simple. Por su naturaleza y su sensación, no lo compartimos. Funciona al revés, de hecho. La vergüenza siempre buscará mantenernos callados y escondidos detrás de una máscara que dice «Todo bien, aquí no está pasando nada», cuando en realidad sí está pasando y mucho. Es una emoción que, al no conocerla, nos controla al darle lo que quiere y mantenerla en secreto y en silencio. Esto lo hace porque aceptar nuestra vergüenza o hablar de ella significaría tener que reconocernos como seres imperfectos, y en este mundo donde la perfección es tan valorada nadie quiere que se sepa eso, ¿no?

¿Te ha sucedido eso en tu afán de emprender? ¿Buscar la perfección? Nos detenemos en cualquier detalle, cualquier punto. Deseamos que cada parte de nuestro proyecto y plan sea impoluto, que cualquiera le entienda. Pensamos que esta «perfección» en el papel se va a traducir en una excelente ejecución; en realidad, esta perfección es un mecanismo de defensa para evitar ser juzgados, criticados o rechazados. En otras palabras, creemos que si somos perfectos, nos vamos a salvar de tener que sentir vergüenza.

—¡Claro que puedes emprender a pesar de la vergüenza! —me explica Gabo—, pero lo más probable es que te lo haga más difícil. Verás, cada emprendimiento es una oferta, es decir, con él le estamos ofreciendo algo a los demás. Lo que hace que una oferta sea realmente buena es conocer el valor que la distingue de las demás ofertas en el mercado y saber transmitirla, ¿no? Si tú actúas desde la vergüenza, es decir, desde una narrativa interna de «*no soy suficiente, no merezco o no valgo*», estás anulando la oferta que tú y tu emprendimiento son, porque la vergüenza no te dejará reconocerla. En vez de estar viendo todo lo que **sí eres**, pasarás toda la vida enfocándote en **lo que no eres**. ¿Y pues así cómo? Como tú dices, tío, *está cabrón.*

Gabo tiene toda la razón. He visto a muchísimas personas que explican su oferta casi en voz baja. Él coincide. Me dice que, cuando estudió, él y sus compañeros tenían que idear cuál era la oferta de una empresa ficticia. Se lo tomaban a la ligera, como si no importara.

¡Es al revés! En un mundo con una competencia extensa, con una amplia gama de diferencias que pueden satisfacer hasta a los consumidores más complicados, tienes que resaltar con tu emprendimiento. Piensa en las grandes marcas o en tus favoritas. Hay algo en específico, algo que si lo quitas deja incompleta la idea. Esa es tu oferta. No solo vendes algo o resuelves una situación. Lo haces a tu manera.

—Pero la vergüenza nos aleja de nuestra esencia —continúa Gabo—. Cuando estamos avergonzados sentimos que somos insuficientes y entonces empezamos a inventarnos máscaras y un Ser, digamos, «falso», un personaje para poder encajar. Yo lo viví desde muy temprana edad. En mi historia hay mucho *bullying*. Siempre sentí rechazo, juicio y crítica hacia quién era yo. Me sentía excluido. Entonces empecé a ser y actuar de maneras que lograran disminuir esas críticas y aumentaran la aprobación de los demás. Me colgué etiquetas que no me iban. Para cuando quise emprender, mi *drive* no estaba en cumplir con mi oferta (ni la conocía, para serte sincero). Mi *drive* eran los aplausos, el reconocimiento, salir en la revista *Forbes*. Quería todo aquello para poder obtener la validación de los demás, porque ahí según yo iba a encontrar mi valor como persona. Después de varios golpes en la cabeza, me di cuenta de que por ahí no era.

La revelación de Gabo me deja con la boca abierta. La vergüenza interiorizada de manera general bien puede ser una epidemia social. Pienso en las redes sociales y en la necesidad de tener que demostrarnos delante del mundo para ser validados incluso por gente que ni conocemos o que ni nos cae bien. Si arrastras esa manera de actuar a los primeros pasos, o años, del emprendimiento, te darás cuenta de que lo que se está ofertando al final es una fachada, una mentira.

Me quedo pensando en que la vergüenza es una emoción que hace que nos enfoquemos en los defectos. Sin embargo, ¿no es ese uno de los mejores ejercicios al momento de emprender? ¿Saber de qué pie cojeamos para buscar a otro experto o resolverlo de otra forma?

Gabo escucha mis preguntas, se detiene a pensar y me dice:

—¡Sí, exacto, tío! Mira, todas las emociones tienen dos lados. Digamos que tienen un lado de luz y un lado oscuro. Si hablamos de la vergüenza en su oscuridad, nos bajonea, nos tira y nos hace sentir insuficientes. En su lado de la luz, la vergüenza nos deja vernos como realmente somos y nos invita a la aceptación. **De la aceptación nace el amor propio, y del amor propio nacen la dignidad y el merecimiento.** La dignidad es la emoción que surge cuando desinternalizamos la vergüenza. La dignidad surge cuando podemos reconocer nuestro valor, y es desde esta emoción y desde su postura corporal (recta, firme mas no rígida y con la frente en alto) que defendemos y cuidamos el Ser auténtico y la oferta que somos para los demás y para el mundo.

¿Alguna vez has sentido vergüenza? ¿Cómo la experimentaste? Muchos la explican como un vacío en la boca del estómago. Al escuchar a Gabo reflexiono en las veces en que he estado avergonzado. Coincido en que es una sensación profunda, un pensamiento constante: «no lo merezco».

La vergüenza es esa emoción que forma parte del tan conocido *síndrome del impostor*, por ejemplo. ¿Por qué si somos exitosos y hemos alcanzado metas importantes pensamos que no somos suficiente o que no lo merecemos? Porque la vergüenza está dominando tu visión.

La vergüenza es también una de las primeras causantes de tirar cualquier idea de mejora dentro del proyecto. Se puede deber a que, erróneamente, creemos que somos arrogantes por la simple intención de mejorar. **A la par, la vergüenza derriba estas ideas de mejora porque, de nueva cuenta, pensamos que hay alguien que puede hacerlo mejor o más rápido.**

—Y sí, hay alguien que quizás lo hace mejor. Pero no lo va a hacer como tú. Por ejemplo, si esto fuera una enchilada, quizás tu oferta sea que es más suavecita y que lleva determinado queso. No a todos los consumidores les fascina el mismo tipo de queso o de tortilla. Ahí reside la importancia de que te avientes a emprender y a transitar tu vergüenza. No busques ser el único, porque ya lo eres. No busques ser el genérico ni la copia de los otros, porque no durarás mucho. Si no estás parado sobre tu valor, esto te va a tirar a la primera. Emprender es ir al mundo de los grandes.

Así como la vergüenza es una emoción que experimentamos de forma general, los obstáculos del emprendimiento son un fenómeno que todos los emprendedores viven. El camino es igual de pedregoso, no lineal y angustioso para todos. Vas a tener que endeudarte, pedir prestado, enfrentarte a tus socios... **pero reconocer lo que vales y no dejar que la vergüenza tenga mucho protagonismo en tu vida sin duda te hace imparable.**

Es importante que comprendas que las caídas y golpes del emprendimiento no son exclusivamente causados por ti.

En esta aventura hay muchas figuras que juegan un papel importante: las condiciones del mercado, el contexto socioeconómico, las regulaciones legales, las tendencias.

El precio que pagamos por sentir vergüenza, como diría Brené Brown, es el sacrificio de nuestra autenticidad, creatividad e ingenio. No tires la toalla si no llegas al punto al que querías llegar en el tiempo en el que te imaginaste que lo lograrías. Enfócate en definir tu valor, en serio, y en encontrar un *drive*, que venga de lo interno y no de lo externo. Si no reconoces tu valor como ser humano y como emprendedor, no tendrás la estabilidad que tu proceso de emprendimiento requiere; con cualquier cosita te vas a caer.

Grábate esto a la hora de emprender: no ligues tu valor como ser humano a tus logros personales. Ten mucho cuidado con medir cuánto vales con base en tus premios, metas y reconocimientos. Porque esas son cosas que se obtienen, que se consiguen. La dignidad, antónimo de la vergüenza, se basa en el Ser. La dignidad no te la da ni tu cuenta de banco, ni tus 100 contratos firmados, ni tus viajes a Europa, ni tu ropa de marca. Esa se entiende o no se entiende; viene de adentro.

Eres un emprendedor con una docena de emprendimientos. Aunque dejas tu marca en cada uno de ellos, la suma de tus proyectos no te define.

—Finalmente, no se trata de acabar con la vergüenza —dice Gabo—. Eso es imposible. Lo que tenemos que aprender como personas y como emprendedores es a reconocerla y tener las herramientas correctas para que no nos domine. Esto te hará adueñarte de tu emprendimiento como nunca antes lo has hecho porque vas a entender que no existe ni existirá en el mundo una oferta igual a la tuya.

Escuchar a mi sobrino expresarse de esta manera es bastante inspirador. A la par que lo escucho, escribo una y mil frases en mi celular. Le agradezco su participación en mi libro. Sé que sus palabras son algo que muchos deben leer.

Sí, emprender es casi una profesión por sí sola. Sí, es un camino difícil (muy cabrón), pero divertido y fructífero. Después de terminar nuestra videollamada, pienso en lo que dijo sobre el valor del emprendedor y no de sus emprendimientos.

En mi equipo muchas veces nos interrogamos qué sucederá en el momento que uno se retire de la empresa. ¿Qué sucederá con Speakers México cuando yo, Luis, decida buscar otro proyecto? ¿O qué pasaría conmigo si nuestro negocio terminara? ¿Significa que ya no seré emprendedor?

Tu empresa no va a envejecer, tú sí

Deja de ser el hombre clave por excelencia. Esa es otra de las grandes lecciones que he obtenido en estos años como emprendedor. Después del éxtasis inicial de comenzar un proyecto y alcanzar su punto de estabilidad y rentabilidad, tienes que dar pasos lentos y seguros, hacia atrás. Verás desde un costado que tu empresa recibe los aplausos, pero no son para ti. A ti te tocarán otros reconocimientos.

¿Por qué es importante alejarse del foco de atención? Para que tu empresa pueda caminar sola, a pesar de ti, sin tu personalidad.

Te doy un ejemplo. A finales de 2021, el ex CEO y uno de los fundadores de Twitter, Jack Dorsey, decidió renunciar. La noticia fue sorprendente para la mayoría. Sobre todo, porque se estaba especulando sobre un cambio en la plataforma social. Elon Musk amenazaba con comprarla.

Twitter es una de las redes sociales más usadas en el mundo. Ha protagonizado rebeliones y fuertes movimientos sociales. Se le critica por su falta de censura, por su crudeza, por su sinceridad… y Jack Dorsey era elemental en la identidad de la marca.

Escribió una carta a su equipo de trabajo que también publicó en Twitter. En ella dice:

> *Quiero que sepan que esta es mi decisión.*
> *Claro que fue una muy difícil. Amo este servicio y*
> *a esta compañía… y a muchos de ustedes también.*
> *Estoy muy triste, pero al mismo tiempo muy feliz.*
> *No hay muchas compañías que lleguen a este nivel.*
> *Y tampoco hay muchos fundadores que escojan*

a su empresa sobre su propio ego. Sé que demostraremos que esta fue la mejor decisión.

Dorsey decidió publicar la carta porque, como él dijo, buscó siempre que Twitter fuera la empresa más transparente del mundo.

Una frase de su carta es importantísima: **pocos escogen a su empresa sobre su propio ego.** Pocos deciden seguir creciendo en otros aspectos y justamente no hacer lo que me mencionó Gabo con respecto a la vergüenza: dejar de asociar su valía a los éxitos de su empresa, en vez de su propio *core* como emprendedor.

Mucho cuidado con este aspecto. Tu empresa no es solo tuya. No crece contigo, ni a tu paso. Abstente de experimentar algo similar al síndrome del nido vacío con tu emprendimiento. Recuerda que algunas empresas no duran muchos años (o sí, pero no en tus manos) y otras duran más de un siglo; sin embargo, tú no puedes cuidar la operación eternamente.

Tu empresa envejecerá el día en que su ciclo de vida esté interconectado con el tuyo. Como emprendedores y empresarios tenemos que luchar para que ningún cliente pueda adivinar la edad de nuestro proyecto. **El éxito es atemporal.**

Hay momentos y circunstancias en los que mencionar los años de vida de nuestra empresa es necesario. Estoy de acuerdo. **Pero si sabes moverte con el tiempo y entender cada época, la edad no se nota.**

Los emprendedores sí envejecemos. Empiezan a tronarnos las rodillas. Algunos eventos nos recuerdan a otros que ya vivimos. Somos humanos. El tiempo nos afecta, pero también puede ser el mejor aliado si, como emprendedor, capitalizas esta experiencia.

En mi caso, mi fórmula para blindar a mis empresas del envejecimiento (y de paso para rejuvenecerme) ha sido contar con un equipo de trabajo nutrido e intergeneracional. Es una chulada. Con nosotros puedes escuchar a miembros que están en otros países y continentes, pero se conectan para platicarnos cómo solucionaron un problema con mecanismos que los más maduros no hubiéramos adivinado. Al mismo tiempo, los de mayor edad agilizamos procesos con técnicas que nunca pasarán de moda, porque fueron y siempre serán funcionales.

A los ojos de nuestros clientes y consumidores, nuestra empresa no tiene diez, veinte o treinta años. Para ellos, somos una empresa profesional y experta en su tema.

Lo más importante del envejecimiento o añejamiento de una empresa es que eso no debe definirte como emprendedor. Otra razón por la que el ex CEO de Twitter decidió renunciar fue porque se dio cuenta de qué características de su personalidad se estaban convirtiendo en valores de la empresa. Evidentemente, algunos son deseables. Otros, todo lo contario.

Haz este ejercicio: escribe cuáles son tus valores y atributos como emprendedor. Aquellos que cargas en tu mochila y que tienen tu nombre escrito con letras grandes y negras, con marcador indeleble.

En otro lugar escribe los mismos atributos, pero de tu empresa o proyecto.

¿Son los mismos? Si se parecen mucho, mi sugerencia es que busques cómo separarlos. Sobre todo, enfócate en mejorar los de tu proyecto. Recuerda que será tu creación, o la de tu equipo, pero no tiene por qué ser un reflejo de lo que tú eres como emprendedor, sino la mejor solución a la necesidad de un tercero.

Emprender no es solo empoderarte, sino ubicar cuál es el poder de tu idea, para poder trasmitirlo a tus socios y colaboradores. Es la única manera de inmortalizar tu compañía, tu empresa y tu marca. Si no puedes expresarlo a cabalidad, los demás no podrán seguir los pasos que comenzaste.

Deja de ser el hombre clave por excelencia. **Las personas envejecemos. Los proyectos maduran, se añejan y saben mejor.**

También se vale con los jefes

Mientras escribo esto, hay un empleado valiente que está parado frente a sus jefes. De todos los ingredientes de la receta del emprendimiento, hay uno que a él le sobra. Me imagino que sabes cuál es.

Pensemos que este empleado se llama Víctor, o puede tratarse de Ana. Los dos están apostando su todo en su siguiente acción. Se van a atrever a proponerle a sus superiores una genial idea que mejorará su área. Un colosal pensamiento que provocará algo en sus jefes: dejarán de verlos como empleados y los considerarán intra emprendedores.

Me aclaro la garganta...

Intra emprendedor, a: m. y f. Dícese del empleado o colaborador con los suficientes huevos para emprender dentro de su empresa, con la confianza plena de que sus superiores apreciarán su talento, aptitud y valor.

Se vale emprender dentro de una empresa que no es tuya, que solo te emplea. Se vale atreverte a mejorar lo que ocurre en la compañía donde laboras. Es necesario que cada vez haya más personas como Víctor o como Ana. Emprendedores natos que saben que también se vale con los jefes.

Me parece importantísimo hablar de este tema, porque a la mayoría se les ha enseñado que es mejor no emprender en su espacio laboral porque:

- Solo se van a robar tus ideas y ni te van a agradecer.
- Tus superiores te verán como una amenaza y te van a despedir.
- La organización ya es perfecta y no tiene áreas de oportunidad.

Vaya, hasta escribir esto me dolió porque son puras mentiras. Las empresas necesitamos de talento y genialidad, de cualquier generación y en todas las temporadas del año. Tumbemos ya ese mito de que los negocios son entes finitos y blindados. Por el contrario, la personalidad de las empresas en la actualidad es fluida y corporativa. Se trata de echarnos la mano entre todos.

Si estás leyendo esto y sentías ya el gusanito de emprender, toma el párrafo anterior como una señal del universo, pero eso sí… Las mentiras que enuncié líneas arriba parten de una verdad.

Por ideas preestablecidas, por costumbre, por lo que quieras llamarle, los ambientes de las empresas suelen ser competitivos. No es algo que exista en nosotros como humanos. Ni la ciencia ni la filosofía saben todavía si somos competitivos por instinto. Sin embargo, el ambiente laboral sí que desencadena este tipo de presiones y peleas.

Así que si tu intención es convertirte en el esperado y requerido intra emprendedor, mis sugerencias son:

- Que tu idea no sea genérica, que no cualquiera pueda ejecutarla. Ingéniala de tal manera que necesiten de ti.
- **Que sea un proyecto colaborativo, innovador y propositivo. Involucra a tu *dream team* laboral.**
- Que sea algo que puedas ingresar a tu CV, que haga crecer tu experiencia.

Hay intra emprendedores por montones; sin embargo, muchas veces no se les reconoce de la manera adecuada y terminan por emprender por sí mismos, o por comprar la empresa y establecer sus reglas. Clara muestra de este último ejemplo es Gene Yoon, quien trabajaba en la filial coreana de la marca deportiva Fila en Corea del Sur y terminó por adquirir toda la empresa, para hacerla renacer de sus cenizas y posicionarla en pasarelas de alta moda por todo el mundo.

De que se vale, se vale.

Emprender en tu trabajo es una excelente manera de ir fogueándote para el mundo del emprendimiento, para ir aprendiendo de empresarios que ya recorrieron este camino y para decidir si te gusta la adrenalina, los desvelos y las satisfacciones de emprender.

Puedes y debes ser emprendedor en tu chamba, porque **esos son los valores agregados que dejas a la empresa para la que trabajas.** Tienes que emprender para tener una carrera laboral, un crecimiento dentro del organigrama. **Acuérdate de que el mejor emprendimiento es aquel en el que ya estás cobrando.**

Atrévete a emprender... desde donde estés. Te agradezco de antemano.

Capítulo 9

DE *HARD WORK* A *HEART WORK*

A ver, ¿cómo empezar a escribir este capítulo?, ¿cómo le hago para expresar todo lo que quiero decir con las mejores palabras y sin dejar algo afuera?

Creo que son las mismas preguntas que me hice al inicio de esta aventura. Las resolveré con la misma técnica, con una frase sincerota, directa y verídica. Esta será un consejo profundo:

Si tu emprendimiento no te hace crecer, no es el emprendimiento ideal para ti

Tal cual. A lo largo del libro hemos repasado una, dos y docenas de veces la misma idea: emprender está cabrón. No solo por los retos estructurales, por las condiciones del mercado, por la volatilidad de ciertas necesidades. **Está cabrón porque es un proceso que te enfrentará a ti.** Serás, por momentos, el único miembro de tu equipo. Todavía más grave: sabes que eres el mayor responsable de que esto funcione o de que solo se quede en una anécdota.

Emprender está cabrón, pero es todavía más complicado querer conseguirlo en un área que no te enriquece, que no te apasiona. Tenemos que dar el salto desde el *hard work* o trabajo duro, al *heart work* o trabajo del corazón.

Esto no significa:

- Que emprender deja de estar cabrón en un punto.
- Que ya no te vas a cansar de los retos.
- Que estarás eternamente con una sonrisa y la pasión latente.

Heart work **quiere decir que le otorgamos un significado profundo a nuestra empresa. Uno cargado de aprendizaje, descubrimiento, crecimiento y bienestar para los demás.**

Te cuento una breve historia que me gusta bastante. En cierta ciudad bulliciosa, el dueño de un negocio se esmeraba en que absolutamente nadie se robara su mercancía. Hoy quizás su producto no suene a algo tan tentador, pero en su tiempo era codiciado. Te estoy hablando de libros.

Este emprendedor tenía el sueño de hacer que toda la gente leyera, porque sabía que la lectura engrandece al espíritu e incrementa la sabiduría.

Por otro lado, veía que no podía hacer mucho contra el ladrón. No te imagines a alguien vestido de negro que se escabulle por las noches. Se trataba de un joven ávido de libros y más libros. Creía que nadie se daba cuenta cada vez que estiraba la mano y se robaba un tomo.

El dueño podía reprenderlo y no dejarlo entrar nunca más a la librería, o podía hacer algo más. Optó por la segunda idea porque se apegaba al fin último de su empresa.

Habló con el joven. Se enteró de que quería cursar la universidad. Al dueño se le ocurrió un trato: le dijo que podía llevarse los libros que quisiera, siempre y cuando le mostrara su título universitario en cuanto acabara.

A los años, tanto el emprendedor como el chavo estuvieron satisfechos. No sé si el emprendedor colgó el título en su librería, pero hubiera sido un buen toque.

¿Conoces esta historia? Es del dueño de las librerías Gandhi.

Deseo que tu emprendimiento te lleve a ese punto. No me refiero a regalar tu producto o servicio sin ton ni son, sino a que lo que más te mueva sea lo que esperas generar con tu emprendimiento. Recordarás que te dije que lo más importante desde tu primer año era no enfocarte exclusivamente en las ganancias con el afán de enriquecerte, **sino con la intención de conseguir algo que solo puede ser logrado a través de tu empresa.**

Un negocio que solo hace dinero es un negocio pobre.

HENRY FORD

Si está en tu corazón, lo puedes hacer realidad. Sobran los ejemplos de empresas que la están rompiendo. Son emprendedores que no se sentaron a llorar porque se cayeron, que no se detuvieron frente al primer no. En este asunto tienes que ponerte un chaleco de valemadrismo, porque la tienda de las excusas está abierta 24/7 y hay fila para entrar.

Primero lo primero: enfócate en darle alas a tu empresa para que pueda volar sola. Luego dedícate a transformar tu negocio para que solucione problemas, si no, no trascenderá.

En la carrera del emprendimiento nunca se apagan todos los incendios. Nada deja de ser demandante. Y todo eso debe de gustarte.

Emprendes si te motiva el futuro que puedes conseguir con tus esfuerzos. Pero emprendes con más pasión si disfrutas de todo el viaje: cada bache, cada desviación, cada carretera.

Emprender es un transcurso largo y adictivo. Si esto es para ti, que seguramente lo es, no querrás marcharte porque ya conoces las mieles y bondades de esta travesía.

Como consejos finales y a manera de conclusión, puedo decirte que este camino estará menos cabrón si:

- Encuentras al equipo y socios ideales. Es posible. Piensa que son tus colaboradores y no tus amigos.
- Tienes disciplina en tus finanzas, pero también te atreves a tomar riesgos.
- No olvidas jamás que estás satisfaciendo necesidades e innovando las maneras de lograrlo.
- Te rodeas de expertos que puedan ayudarte en diferentes ámbitos.

Pero, en definitiva, lo que más aligera este camino y lo convierte en una historia que querrás reflejar en un libro, una anécdota que anhelarás compartir con más y más personas, y la sensación más plena de la vida, es saber que estás en el lugar adecuado, haciendo lo que te apasiona. Lo que le confiere más encanto a esta trayectoria cabrona es sentir que tu esfuerzo nace de tu corazón y le otorga significado a cada una de las tareas que desarrollas en tus diecinueve, dieciocho o diecisiete horas productivas del día.

Tu emprendimiento debe ser algo que te inspire y te enamore. Piensa en alguna pareja, por ejemplo. No todo es perfecto, ni está cubierto con azúcar *glass*. Hay momentos álgidos. Aprovéchalos como momentos de profundo aprendizaje. Recuerda que son importantes para formarte como emprendedor.

Une tu esfuerzo y tu corazón para convertirte en un emprendedor con un legado sólido. No te concentres solo en los resultados o no podrás disfrutar de esta aventura.

Por último, me queda decirte que nunca se te olvide echarle sal a tu emprendimiento. **Jamás olvides imprimirle tu sello.** Márcalo con fuerza, bátelo, haz que se impregne, porque hay cien mil ideas allá afuera que se parecen a la tuya, pero nadie puede hacerlo como tú... Y eso está cabrón.

CIERRE

Quiero agradecerte por esta charla que hemos tenido, y por todas las historias en las que me acompañaste, desde aquel día en la cafetería con Ramiro, hasta la charla con Gabo, pasando por la historia de aquel chico sediento en la conferencia, Arturo; la historia de Beatriz, quien quería emprender su negocio de panadería; Elisa, con quien me crucé en medio de aquel aroma que tanto me gusta, o la historia de Javier, el niño genio. Espero que todas las lecciones aprendidas de estas historias no solo te animen a dar el gran paso, sino que hagan tu emprendimiento, aunque sea un poquito... menos cabrón de ejecutar. Y para ayudarte con esa misión, me permití hacer una lista final a manera de resumen, con aquellos conceptos e ideas aprendidas, para que las tengas en un solo lugar y te sirvan como inspiración, ya que han ayudado a este *oldpreneur* que empezó madurito esta gran aventura en la cual me he repetido muchas veces «¡No pos ta' cabrón!»:

- Piensa en aquella actividad que podrías llevar a cabo sin que te pagaran, y sin que recibieras dinero por hacerlo... Eso se llama PASIÓN.
- En realidad, como empresarios, no somos lo que vendemos, sino toda la filosofía, sistema y estructura de nuestro modelo de negocios.
- Los emprendedores tenemos una pila diferente. Nos esforzamos por protegerla del desgaste producido por la cotidianidad.

- No se puede fracasar a medias, ni tener éxito parcialmente.
- Si le apuestas a las locuras solo hay dos opciones: o le atinas y te diviertes, o erras y le aprendes.
- Detecta qué compone tu ADN. Si te gusta, mejóralo. Si te enamora, replícalo.
- Coraje se escribe con h, porque se necesitan HUEVOS (y muchos) para seguir tus proyectos de emprendimiento.
- Emprender también es dejarse llevar por la pasión, por el gusto a ciertos colores, aromas, texturas y sensaciones.
- No hay edad para emprender.
- Emprende dentro de la empresa en la que trabajas. No solo emprenden las personas sin jefe puesto que el emprendimiento es producto de la inconsciencia.
- Que tu actitud se adecue para dominar al miedo es la única forma de mantener vivo tu emprendimiento.
- Afina tu proyecto, y el resto de los comentarios súmalos hasta que tengas un 50 por ciento de certeza de lo que deseas hacer. El cincuenta restante se debe conformar por algo que bauticé como «chinguesumadrismo».
- Tu empresa no va a envejecer; tú sí. Por ello es importante alejarse del foco de atención, para que tu empresa pueda caminar sola, a pesar de ti, sin tu personalidad.
- Si tu emprendimiento no te hace crecer, no es el emprendimiento ideal para ti.

EPÍLOGO

LLÉVELE,
LLÉVELE

Cuando acabo una conferencia, y resulta que soy el conferencista, me gusta disfrutar los últimos segundos. Luego del aplauso, después de la sonrisa, el tiempo transcurre de otra manera. Es como si los segundos se estiraran más, o como si mi mente me hiciera parecer que es así con la intención de continuar disfrutando.

No te hablo del reconocimiento ni del mérito, sino de la satisfacción de ser escuchado y de saber que lo que tú tienes que decir resuena en alguien más. ¿Me explico? No solo se consigue desde una tribuna o escenario. Puede pasarnos en otros lugares; a veces se trata solo de escuchar a los demás.

Después de la conferencia, caminé entre los asistentes. Saludé a un par y proseguí avanzando cuando una frase me detuvo en seco.

—¿Qué te llevas de esta conferencia?

La que preguntaba era una chica de aproximadamente diecisiete años. Tenía una cabellera larga y lacia y, claro, un celular en las manos. Hablaba con una señora de cabello gris.

—Me recordó muchísimo a cuando abrí una pastelería con tu abuelito.

La piel se me enchinó. A la señora se le humedecieron los ojos.

—Siempre nos preguntaban por qué le dedicábamos tanto tiempo a estar ahí cuando podíamos dejar a los empleados. Creo que nadie nos comprendió. Pensaron que estábamos locos, pero nos encantaba nuestro negocio.

La chica dejó el celular a un lado y le apretó la mano a su abuela.

—Y esa chispa sigue viva, abue. Vas a ver que con esta plataforma se van a incrementar las ventas. No te voy a mentir, a mí la neta me dolieron muchas de las cosas que nos dijeron hoy, ¿sabes? Como todo esto de no enfocarse solo en los números, ni romantizar la relación con los socios. Creo que lo que más me llevo es que no soy la única que quiere emprender y que tiene tanto miedo de hacerlo.

Intuí que la nieta seguiría con el negocio familiar, que le estaba dando una lavada de cara a la marca, pero que se estaba esforzando por mantener su personalidad. A la conversación se añadió otra persona. Cargaba dos cafés humeantes y una botella de agua bajo el brazo. Era un señor de traje y corbata. Les entregó sus bebidas y besó la cabeza de la señora mayor.

—Ya lo decidí mientras iba por los cafés. Voy a hablar con Alfonso.

Luego suspiró y se dio una cachetadita leve.

—Ya estuvo bueno de guardarme mis ideas. Tengo que confiar en que puedo emprender en mi empresa, ¿no? Nunca había escuchado ese término de intra emprendedor, pero me quedó como anillo al dedo. Miren, solo tengo que ajustar unos detalles, asegurarme de que estoy en el proyecto, y saltar.

La chica hizo una especie de bailecito en su lugar y le sonrío.

—Eso, papá. Qué gusto que llegamos aquí porque a la abuela le llamó la atención el nombre de la conferencia, y que nos vamos todos mega motivados, ¿no?

—Eso que sientes es muy bueno —dijo la abuela—, pero acuérdate de lo más importante, de lo que hará que nada te tumbe: la pasión. Me fascinó el final. Tu abuelo y yo hicimos eso, sin saber que lo estábamos haciendo.

La chica frotó las palmas de sus manos y luego agarró el celular. Algo me dijo que iba a tuitear o compartir algo en redes, porque les pidió a todos que se acercaran para una *selfie*.

Ninguno de ellos me notó. Estaban tan ensimismados en su plática que pasé desapercibido. Enhorabuena, de eso se trata, de que se queden con las ideas y se motiven a comenzar, a continuar, a reflexionar más o a saltar. Pero que no nos quedemos quietos.

¿Con qué te quedas tú? Espero haberte contagiado con la fuerza de mi corazón emprendedor. Deseo que te animes a perseguir ese gran sueño, que no te rindas ni tires la toalla.

Ojalá que te hayas quedado con un mensaje de inspiración, pero mucho más de acción.

Usa las lecciones de este libro como una especie de brújula y un contenedor de consejos. Aprovéchalos y mantente al pendiente, que nada está escrito en piedra y seguimos aprendiendo del emprendimiento.

A seguirle, a mejorar, a innovar y a no quedarnos con las ganas.

Está cabrón... pero, ¡hazlo!